경제의 디지털화와 노동의 미래

독일 산업 4.0을 중심으로

438
아산재단 연구총서

4차 산업혁명 시대와 일자리

경제의 디지털화와 노동의 미래

독일 산업 4.0을 중심으로

임운택

집문당

임운택(林雲澤) 독일 마부르크 대학교 사회학 박사
한국사회학회 이사 / 고용노동부 정책자문위원 역임
현재 경제인문사회연구회 기획평가위원
현재 계명대학교 사회학과 교수

아산재단 연구총서 438
4차 산업혁명 시대와 일자리
경제의 디지털화와 노동의 미래
독일 산업 4.0을 중심으로

2018년 12월 30일 1판 1쇄

저 자 | 임운택
발행인 | 임동규
발행처 | **집문당**
등 록 | 1971. 3. 23. 제300-2012-69호
주 소 | 03134 서울시 종로구 돈화문로 82 집문당빌딩 5층
영업부 | (02)743-3192~3 팩스(02)742-4657
sale@jipmoon.co.kr
편집부 | (02)743-3096~7 팩스(02)743-0227
edit@jipmoon.co.kr
홈페이지 | www.jipmoon.co.kr

ISBN 978-89-303-1807-5 94300
978-89-303-1500-5(세트)

가격 13,000원

이 도서의 국립중앙도서관 출판시도서목록(CIP)은 e-CIP홈페이지(http://www.nl.go.kr/ecip)와
국가자료공동목록시스템(http://www.nl.go.kr/kolisnet)에서 이용하실 수 있습니다.
(CIP제어번호: CIP2018041022)

머리말

4차 산업혁명의 파고가 거세다. 지난 수년 동안 과학기술에 대한 맹신론부터 공포유발론에 이르기까지 수많은 사람이 4차 산업혁명의 총아인 AI(인공지능), 사물인터넷(IoT), 가상현실, 증강현실 등을 입에 올리고 마치 이 길만이 경제의 번영을 위한 유일한 대안인 듯 이야기를 하지만 막상 현실을 들여다보면 다수의 사람에게는 자동화보다도 이해하기 어려운 다소 허무맹랑한 구호 이상의 의미를 주지 못한다는 점에서 어쩌면 과유불급(過猶不及)한 개념인 것처럼 들린다.

그럼에도 숨길 수 없는 사실은 4차 산업혁명의 실체라고 할 수 있는 '경제와 노동의 디지털화'가 이미 오래전부터 서서히 진행되어 2008년 대침체(Great Recession) 이후 독일, 미국, 일본 등 자본주의 주요 국가에서 본격화되고 있다는 점이다. 국내에서는 대체로 4차 산업혁명을 '스마트팩토리' 사업처럼 사업장의 부분적 디지털화부터 자동화와 같은 전면 디지털화에 이르기까지 생산성 혁신을 목표로 하는 기술패러다임의 측면에서 이해하고 있는 듯하다. 그러나 4차 산업혁명의 이름으로 진행되고 있는 일련의 디지털전환 과정을 분석해보면, 이것이 단순한 생산과정의 혁신을 넘어 경제 전반의 혁신과 사회적 혁신을 겨냥한 자본주의 생산양식의 거대한 변화를 암시하고 있다는 점을 부인하기 어렵다. 소위 '디지털 자본주의'(Digital Capitalism)가 그것이다. 그러나 이 주제는 이 책에서 다루고자 하는 범위를 크게 벗어난다.

이 책은 디지털 자본주의의 논쟁을 고용과 일자리에 국한해서 이 주제를 다루어보고자 한다. 거시경제 측면에서 경제의 디지털화를 필요로 하는 정치경제학적 배경을 이해하고, 경제의 디지털화가 초래한 노동의 디지털화의 실상과 잠재적 효과(고용의 양극화 혹은 과잉노동력 양산으로 인한 대량해고), 그리고 가능하다면 노동의 디지털화를 어떻게 고용친화적인 상황으로 만들어갈 것인지에 대한 방안을 독일의 산업 4.0-노동 4.0 사례를 중심으로 살펴보고 국내에 주는 함의를 탐색하는 데 주목적이 있다. 독일의 산업 4.0과 노동 4.0 전략은 여전히 다양한 실험적 프로젝트 아래 진행되고 있어 이를 표준화하여 규정하기란 무리다. 그럼에도 숙련향상을 통해 노동의 디지털화를 고용친화적인 환경으로 만들려는 기본적 발상은 공통적인 만큼 인공지능과 자동화의 환상에 빠진 국내의 인식을 바꾸는 데 일정한 교훈을 줄 수 있다는 것에 연구의 의의를 두고자 한다.

마지막으로 이 작업을 완료하는 데 적지 않은 시간을 끌게 되었는데, 인내를 가지고 기다려주신 아산사회복지재단의 안종권 차장님과 집문당의 편집 담당자 장이지 선생님께 무한한 감사를 드린다.

차례

V. 노동의 디지털화 독일 중소기업 혁신사례 1 / 87

VI. 노동의 디지털화 독일 중소기업 혁신사례 2 / 109

표/그림 차례

I. 경제의 디지털화와 노동의 미래

독일 산업 4.0을 중심으로

I. 경제의 디지털화와 노동의 미래
독일 산업 4.0을 중심으로

1. 21세기 디지털 자본주의로의 전환과 노동의 디지털화

1) 디지털 기업의 등장과 의미

오늘날 시장가치 기준으로 세계 top 5 기업은 모두 디지털 기술을 다루는 기업이다. 시야를 좀 더 넓혀 세계 최고의 top 10 기업을 보아도 그 중에 하위 3개는 금융기업(버크셔 헤서웨이, 텐센트 홀딩, JP모르간) 그리고 마지막 10위에 겨우 엑손 모빌이라는 석유회사가 자리를 잡고 있을

표 1-1 세계 최고의 시장가치 기업 순위(2018년 기준)

기업 랭킹	시장가치(십억/ US 달러)
Apple	926.9
Amazon	777.8
Alphabet (Google)	766.4
Microsoft	750.6
Facebook	541.5
Alibaba	499.4
Berskhire Hathaway	491.9
Tencent Holdings	491.3
JP Morgan Chase	387.7
ExxonMobil	344.1

출처: Statistika (2018.10.11. 검색기준).

뿐 상위 6개 기업은 모두 디지털 기술 관련 기업이다(〈표 1-1〉 참조). 이들 기업은 지난 십수 년 동안 정보통신기술(ICT)의 발전을 주도해왔으며, 동시에 일상의 디지털화 또는 경제의 디지털화를 적극적으로 주도해왔다.

대다수 노동자나 자영업자들이 이러저러한 방식으로 ICT(Information Communication Technology)를 활용하고 있는 상황을 고려해 볼 때 현재의 노동세계에서 노트북, 태블릿, 스마트폰에서 구현된 디지털 기술의 사용을 배제하는 것은 상상조차 할 수 없다. 애플, 구글, 마이크로소프트, 페이스북 등과 같은 기술기업이 대규모로 자신들의 고유한 비즈니스 모델로 설정한 디지털 기술의 논리를 추구하는 반면에, 일반 노동자들은 그러한 논리를 조금씩 겨우나마 좇아가는 형편이다. 연구소의 출판물 제작이든, 보험회사의 행정처리든 혹은 구글, 페이스북, 아마존과 같이 제품배치 과정에서 소비자를 정확하게 겨냥하는 일이든, ICT에 기반을 둔 일상적 작업뿐만 아니라 세계적인 디지털 기업의 비즈니스 모델에서도 관건은 정보처리 과정이다. 정보처리는 디지털 노동과정과 비즈니스 모델의 핵심이다.

경제의 디지털화는 결코 거대 기술기업이나 인터넷 스타트업으로 구성된 신경제(new economy)와 유사한 것이 아니다. 경제의 디지털화는 이미 고전적 경제활동 영역과 공적 영역까지 확장되었다. 전자정부(E-Government), 스마트 시티(Smart Cities), SIE(Smart Infrastructure Engineering) 등은 디지털 경제 속에서 컴퓨터에 의해 지원되는 데이터 가공과정을 단순하게 활용하는 수준을 넘어서 복합적인 모델을 작동시키고 있다. 이들은 행정과정, 도시개발 혹은 국가 인프라 정책과 관련된 광범위한 구조조정프로그램의 청사진을 만들어내고 있다. 구글, 애플, 마이크로소프트, 아마존과 같은 디지털 경제의 거인들은 이런 상황 속에서 공공부문 계약을 둘러싸고 치열한 경쟁을 하며, 국가의 주요 기관에 커다란 영향을 미친다. 일례로 아마존은 자신의 클라우드 컴퓨팅 서비스(Cloud Computing Service)인 아마존 웹 서비스(Amazon Web Services)를 통해 미국의 행정 및 정부 조직의 디지털 인프라의 상당 부분을 제공한다.

또한, 미국 서부지역의 데이터 기업은 구경제(Old Economy)의 핵심 분야에도 지속적으로 진출하여 그곳에서 변화의 압력을 행사하고 있다. 대표적인 사례가 자동차 산업이다. 구글은 거대 자동차 생산자들이 소홀히 하였던 운전 보조시스템의 구축에 집약된 자율자동차 개발로 백 년이 넘는 산업의 거인들을 압박하고 있다. 2003년에 설립된 미국기업 테슬라(Tesla)는 전기동력에서의 엄청난 성공으로 기존 자동차기업의 연구개발 부서에 커다란 혁신압력을 행사하고 있다. 한편, 애플은 자신의 고유한 자동차 개발을 계획하고 있으며, 소위 '산업 공룡'에 대해 지속적인 압박을 가하고 있다.

인터넷 산업은 이처럼 고전적 제품에 완전히 새로운 전망을 입히기 시작했다. 이미 사용자의 데이터를 중심으로 지도와 내비게이션 개발을 해왔던 구글은 자동차에서도 새로운 시도를 추구하고 있다. 사용자의 데이터는 인터넷 거인기업의 고유한 비즈니스 모델영역을 제시하고, 기업이 핵심적으로 공급하는 다양한 서비스의 토대를 제공한다. 고전적 자동차 생산자 또한 이러한 경향을 인지하였다. 따라서 다임러 벤츠나 BMW와 같은 기업은 자율주행이나 자동차 공유(Car-Sharing) 모델뿐만 아니라 디지털 콕핏(Digital Cockpit)에도 관심을 가지기 시작했다. 마치 상업적 인터넷의 소비자 연결망처럼, 미래의 운전자는 고객으로서 이러한 연결망에 끊임없이 도달할 수 있게 되었다. 디지털 거인의 스타일에 비추어볼 때, 가치창출의 원천은 전통적 자동차 산업에서조차 생산이 아니라 다양한 디지털 서비스에서 이루어지고 있다. 과거 가치창출의 핵심이었던 자동차 판매는 점점 의미를 상실하고 있다. 오히려 자동차는 네 바퀴를 가진 스마트폰처럼 고객에게 새로운 서비스를 원활하게 제공할 수 있도록 주력제품(anchor product)을 재구성하고 있다.

디지털 기술에 기반을 둔 비즈니스 모델은 이제 인터넷 기업을 넘어 전 산업 영역에서 중요해지고 있다. 이와 연관된 경제적, 이데올로기적 논리가 점차 확장되고 있으며, 이러한 구조를 특징짓는 발전과정을 나는 '디지털 자본주의'로 명명한다. 이러한 개념은 특정 산업부문의 차별화된 논리에 따라 자본주의 유형을 엄격한 범주로 구별하려는 의도가 아니다. 즉, ICT의 의미가 전면화 되었다고 해서 산업 자본주의나 서비스 자본주의와 대립하는 디지털 자본주의가 자본주의 축적체제의 흐름을 전일적으로 주도한다는 의미는 아니며, 따라서 이 개념에 13세기의 상업자본주의나 19세기의 산업 자본주의와 구별되는 '역사적으로 엄밀한 구분'(historische Trennschärfe: Kocka, 2017)을 요구할 필요는 없다. 한편, 자본주의 다양성 논쟁(Hall and Soskice, 2001)의 전통에서 디지털 경제방식의 지배적인 협력 기제에 대한 제도(주의)적 전망을 논하고자 해도 디지털 자본주의의 특성이라고 특별히 언급할 만한 것은 아직 보이지 않는다. 수많은 것들이 과정 중에 있으며, 디지털화의 실질적 효과에 대한 전망은 불확실하다. 그럼에도 불구하고 세 개의 개념적 요소(산업 부문, 역사, 제도)를 중심으로 디지털화와 관련된 몇 가지 특성을 유추해 볼 수 있다. 디지털화는 지속적으로 산업의 경계를 넘어서 확장되고 있는데, 이 과정에서 지금까지 무역, 물류, 유통과정에서 주로 발생하였던 디지털 혁신이 디지털 자본주의의 사회적 핵심 통합 기제인 종속적 임금 고용을 체계적으로 위협하고, 새로운 기준을 강요하고 있다. 물론 이 모든 것이 경제의 디지털화에 대한 일관된 이론에서 설명될 상황은 아니다. 따라서 나는 디지털 자본주의의 과정적 개념을 현재 수준에서 ICT의 확산과 관철이라는 관점에서 정의하고, 이와 연관된 경제적, 이데올로기적 동력을 분석하고자 한다. 이런 관점에서 볼 때 디지털 자본주의는 엘리아스가 말하는 일종의 '결합태'(Figuration: Ellias, 1976) 개념, 즉 공동의 상황 속에 놓인 상이한 요소들의 상호유착으로 이해할 수 있다. 이러한 결합태의 개별적 요소(디지털 자본주의의 역사적 추동력, 이념적 근원, 이데올로기적 명제, 디지털 자본주의를 지배하는 비즈니스 모델, 이 모델의 사회불평등 발전에 미치는 함의, 등)는 디지털 자본주의의 경제적 논리에 대한 가설을 발전시키기 위한 목적으로 다루어진다.

앞서 설명하였듯 경제의 디지털화 과정에서 기업(디지털화의 선도적 역할을 하는 기업과 스타트업 기업)의 선도적 기능이 중요한 역할을 했음을 보여주는 수많은 경험적 근거들이 있다. 이들은 다른 상황에서도 이용될 수 있는 다양한 기초적 기술을 제공하며, 거대한 재정 능력을 보유하고 있어 디지털 구조조정과정을 실행할 수 있는 새로운 비즈니스 영역에 지속해서 침투한다. 나아가서 이러한 기업들은 디지털 자본주의에서 전위(Avant garde)의 임무를 수행한다.

2) 소비의 문제

디지털 자본주의로의 전환에 있어서 디지털화를 주도하는 기업(leading companies)의 역할은 대단히 중요하다. 왜냐하면 디지털 자본주의는 20세기 중반 '자본주의 황금기'(Golden Age of Captialism: Marglin and Schor, 1992)에 비유되었던 전후 자본주의의 성장 국면이 끝나면서 발생한 문제에 대한 자본주의의 새로운 해답을 제시하고 있기 때문이다. 이러한 변화를 추동한 핵심요인은 무엇보다 생산성의 비약적 발전을 따라잡을 수 없었던 수요부족이다. 제2차 세계대전 이후 짧게 지속하였던 황금시기는 대량생산과 대량소비의 성공적 결합을 특징으로 하였다. 일반적으로 포디즘으로 명명되고, 전후의 경제성장 동력을 끌어낸 이 조합은 수요가 더 생산성 발전을 좇아갈 수 없게 된 1960년대 말부터 점차 유지되기가 어렵게 되었다. 지배적인 생산성 모델은 전후 높은 경제성장률을 유지하는 데 필요로 하였던 수요를 스스로 만들어내지 못하였다. 이로써 자본주의는 심각한 '소비의 문제'에 직면하게 되었다.

소비부족의 문제가 등장한 이후 다시 수요를 진작시키기 위한 다양한 방식이 시도되었다. 그 하나는 1970년대 공적 · 사적 채무의 확대를 통해 사적 소비를 증진하는 것이었다. 다른 하나는 여러 나라에서 이미 시행하고 있듯 판매시장의 국제화에 기반을 둔 강력한 수출지향전략을 통해서 새로운 시장 수요를 개척하는 것이었다. 1980년대 이후 시장의 세계화는 이러한 배경에서 가속화되었다. 두 가지 전략은 단기적으로는 효율적이었으나 근본적인 대안이 되기에는 한계를 지녔다. 이러한 배경에서 디지털 자본주의는 OECD 경제 전반이 겪고 있는 수요부족 문제에 대한 상대적으로 새로운 해답이라고 볼 수 있다. 디지털 자본주의의 선도기업이 내건 본질적인 전략은 소비의 합리화와 확대 · 심화를 통한 수요문제의 해결이다.

새로운 경제형태의 의미를 논리적으로 설명하기 위해서는 채무증가와 판매시장의 세계화를 통해 소비문제를 해결하는 것과는 차별화된 접근을 보이고, 그 자체로 디지털 자본주의의 발전에 기여하는 완성된 모델이 필요하다. 이러한 접근방식의 목적이 분석적으로 분명해지기 위해서는 디지털화의 논리에 대한 기존의 경험적 대안을 일시적으로 배제함으로써만 가능하다. 그러한 이유로 아래에서 나는 디지털 자본주의의 경제적 동력을 설명하면서 채무와 판매시장의 세계화에 의존한 수요생산이라는 기존의 전략은 의도적으로 배제하고자 한다.

3) 지속적인 성장은 가능한 것일까?

현재 자본주의의 소비문제는 경제의 디지털화의 배경을 형성하는 역사적 상황의 핵심 구성요소이다. OECD 세계의 고도로 발전된 경제는 1960년대 이후 경기가 냉각되면서 다시는 과거의 경제성장률을 회복하지 못하고 있다. 1960년대 내내 3-10% 정도의 성장률을 기록했던 미국, 영국, 독일, 일본, 프랑스, 이탈리아와 같은 주요 OECD 국가는 장치침체(secular stagnation)에 빠져들어 2014년에는 성장률이 모두 2% 미만으로 떨어졌다(Baldwin aund Teulings, 2014). 몇몇 비판적 연구자들은 이미 '탈성장'(degrowth: 달리사 · 데마리아 · 칼리스, 2018)에 대해 논하기 시작했고, '후기성장사회'(Postwachstumsgesellschaft: Lessenich and Dörre, 2014)의 비전에 대해 논하기 시작했다. 국제적 명성을 지닌 프랑스의 경제학자 토마 피케티는 오래전 현존 자본주의의 체계적 성장 약점에 주목한 바 있다. 그에 의하면 전후 경제 호황기 이후 자산은 구매력을 정체시킬 정도로 소득보다 훨씬 강력하게 증가하였다. 그러한 과정은 일반적으로 소비자 권력의 형태로 이용될 수 있는 수요할당량의 의미를 경제주기에서 점차 약화한다. 왜냐하면, 경미한 수준의 임금이나 중간규모의 임금은 대체로 소비로 직접 흘러가지만, 자산은 항상 (재)투자되기 때문이다. 최근 몇몇 분석가들은 자본주의 비판과 함께 세계경제의 지속적인 하락을 경고하고 있는데, 일례로, 미국의 경제학자 래리 서머스(Larry Summers)는 2013년 세계경제가 장기침체의 단계로 진입할 것이라고 주장한 바 있다(Summers, 2014).

이러한 배경에서 일련의 경제전문가들은 경제를 과거의 고도성장 시기로 되돌릴 수 있는 메시아적 구원이라도 되듯 경제의 디지털화에서 새로운 대답을 찾았다. 일례로 컨설팅 회사 멕킨지는 자신의 글로벌 보고서에서 2025년까지 모든 노동 및 일상생활의 영역에서 작은 컴퓨터 간의 점진적인 네트워크화, 즉 '사물인터넷'의 구축에 따른 잠재적 효과로 110억 달러가량의 잠재적 성장을 예측하였다(Manyika et. al., 2015). 산업생산의 구조조정을 둘러싼 담론에서 다른 나라보다 빠르게 경제의 디지털화 논쟁이 촉발된 독일의 경제학자들은 같은 시기에 추가적 성장 지표가

780억 유로에 달할 것으로 추정한 바 있다(Bauer, et. al., 2014). 연구자들은 6개의 특수한 산업부문(화학, 자동차, 기계설비, 전기, 전자장비, 농림업, 정보통신기술)에서 혁신을 창출할 수 있는 디지털화가 진행되어야만 하는 중요한 이유가 경제성장의 가능성 때문이라고 진단하고, 이러한 혁신이 디지털화 없이도 기대되는 수익에 추가적 이익을 가져다줄 것으로 예상하였다.[1)]

상이한 행위자가 현존하는 자본주의 경제를 디지털 경제로 전환하려는 가장 큰 이유는 대단히 낙관적인 경제성장에 대한 기대 때문이다. 경제의 디지털 전환이 조직적으로 이루어지고 있는 독일의 경우 기업, 연구소, 노조, 정치가, 컨설팅회사들의 연합체에 의해 '산업 4.0'이 경제성장을 위한 응집력 있는 추진양식으로 발전하였다. 증기력(1차 산업혁명)이후 전기에 의한 대량생산(2차 산업혁명), 마이크로일렉트로닉스(3차 산업혁명) 이후 생산 장치의 디지털화는 경제를 새로운 단계로 도약시킬 것이라는 전망이 이러한 연합체적 동맹을 가능하게 하였다.

나라별로 추진전략과정에서 차이는 있지만 대체로 '4차 산업혁명'과 '경제의 디지털화'는 불가분의 관계로 이해되기 시작했다. 그러나 디지털 산업의 대중적 비전이 4차 산업혁명이라는 개념을 연상시킬 만큼의 혁신적인 경제적 전환을 가능하게 하는 것이라면, 기존의 높은 생산성을 담보하였던 경제모델과도 차별화된 어떤 것이어야만 할 것이다. 그러나 수출

---

1) 노동경제와 조직을 연구하는 프라우엔호퍼(Frauenhofer) 연구소의 연구와 독일 정보기술협회(Bitkom)의 연구는 모두 전 산업분야에서 디지털화가 경제 전체 성장률에서 50% 정도 증대시켜줄 것으로 분석하고, 산업 4.0에 의한 전체 경제의 자극은 2천6백7십5억 유로(대략 341조 원)에 달할 것으로 예상하였다(Pfeiffer, 2015).

주도적 경제의 대표적 국가인 독일이나 한국의 경우 4차 산업혁명이나 경제의 디지털화를 통해 내수 노동시장에서 새로운 수요를 만들어내면서 기존의 경제모델을 바꾸어나가겠다는 목표는 임금정책에서 일부 긍정적 변화(독일은 최저임금 도입, 한국은 소득주도성장론에 입각한 최저임금 현실화)에도 불구하고 공염불에 그치고 있다. 가까운 미래에 산업부문에서 경제의 디지털화로 인한 생산성 향상이 숙련 임금노동자에게 높은 소득을 안겨주고 국가 전체의 소비를 증대시켜줄 것이라고 기대할 수는 있으나 이는 결코 필연적인 것은 아니다. 이미 그러한 변화를 겪고 있는 미국이나 독일의 경우 경제 호황기에 실질임금이 상승하기도 하지만 종종 하락하기도 하며, 성장은 소득 불평등 증대와 함께 동반되고 있다. 소득 불평등은 민간수요의 침체를 초래하며, 앞서 언급했듯 이런 경우에 고소득자들이 자신의 소득을 재투자로 돌리는 경향이 강화된다. 저소득 가계와는 달리 이러한 재투자는 직접 소비로 흘러 들어가지 않는다 (Kumhof · Rancière · Winant, 2010). 예상되는 생산성 수익(투입 생산요소 대비 생산량의 증대)은 상응하는 수요 없이 장기적 성장을 보장하지 못한다. 생산품은 최종적으로 구매자를 발견해야 하며, 따라서 생산기구의 효율성 증대는 실질임금에서 구체화된다. 개별국가에서 수출은 국내시장의 수요부족에 대한 대체물이 될 수는 있지만, 세계시장이 이러한 방식으로 지속 가능한 경제모델을 유지하기는 어렵다. 왜냐하면, 수출국가의 이윤은 수입시장에서 결여된 수요의 창출을 통해 생산되기 때문이다. 자본주의 경제시스템의 특성상 대량소비에 기반을 둔 현재의 경제 질서에서 생산성 향상과 함께 수요의 발전은 경제성장의 두 번째 중요한 인터페이스이다.

이러한 배경에서 최근 진행되고 있는 경제의 디지털화 과정은 무엇보다 광고, 물류유통, 무역과 같은 소비자 관련 서비스에서 우선적으로 진행되고 있다. 질적으로 새로운 비즈니스 유형을 제시하는 급진적 구조조정은 무엇보다 유통과 소비부문에서 발생하였다. 아마존을 비롯한 수많은 업체는 운영하는 인터넷에서의 상품거래, 즉 전자상거래(E-Commerce)는 소비를 효율적으로 유지하고, 소비자들이 시간 부족으로 당분간 접근할 수 없었던 마지막 수요 저장소를 채굴해내려고 하고 있다. 여기서는 언제나 더 빠른 배송처리가 문제가 되며, 업체들은 새로운 앱을 개발하여 상상할 수 있는 모든 장소에서 매끄러운 쇼핑이 이루어질 수 있도록 한다. 소비영역에서 변화와 함께 합리화 전략의 무게중심이 복잡하고 고도로 네트워크화된 기술기업으로부터 새로운 소비모델을 시험하는 아마존, 구글, 애플, 페이스북, 마이크로소프트와 같은 디지털화의 선도기업을 형성하는 것으로 이동하고 있다.

디지털 거대기업의 빠른 성장률, 권력 자원, 그리고 이들에 의해 개발된 기술과 비즈니스 모델의 확산 수준을 고려해 볼 때, 이들이 추구하는 소비 및 유통기구의 구조조정은 현재의 자본주의가 진지하게 수용할 가능성이 있는 일종의 전환 프로그램처럼 보인다. 다시 말해서 수요부문에서 합리화 시도를 꾀하는 디지털 자본주의가 현존 자본주의가 안고 있는 소비문제에 대한 대답으로 이해될 수 있게 되었다는 점이다. 그러한 전망에서 제시되는 수요창출을 위한 새로운 프로그램은 생산성 증대와 함께 경제성장의 두 번째 축이 될 수도 있다. 따라서 디지털 자본주의에 함축된 새로운 경제성장 자극에 대한 열망은 전적으로 소비영역의 구조조정을 통한 새로운 수요창출에 있다고 하겠다. 문제는 디지털 자본주의가 자신에게 부여된 약속을 지키고, 기존의 소비부족 문제에 대한 대안을 제공할 수 있냐는 것이다. 디지털 자본주의 아래서 진행되는 '노동의 디지털화'는 그러한 점에서 독특한 지위를 차지한다.

4) 노동의 디지털화와 제조업의 귀환

노동의 디지털화는 기존의 노동 패러다임과는 달리 이와 같은 소비문제, 작업장(공장)이 아닌 외부문제로부터 변화를 요구받는 매우 독특한 지위에 처해있다. 이는 ICT 기술의 등장과 함께 서비스 산업이 빠르게 제조업을 대체하리라던 예상과는 달리 독특한 방식으로 제조업의 귀환을 촉발하였다.

무엇보다 산업 부문에서 제조업의 비중이 상대적으로 높거나 체질이 강한 국가들이 2008년 금융위기 이후 경제위기를 빠르게 타개하고 고용률의 증가를 기록하면서(대표적으로 독일, 일본) 한동안 '탈산업화'가 곧 경제 선진국을 의미하던 공식은 깨지기 시작했으며, 아울러 한물간 것으로 취급되던 제조업이 다시 주목받기 시작했다. 특히 제조업에 대한 새로운 관심은 1990년대 이후 급속하게 추진되었던 금융주도 축적체제가 끊임없이 경제 및 고용위기를 초래하는 반면에 정보통신기술(ICT)의 융합으로 인해 제조산업 혁신과 제조업의 고부가가치화가 가능해지면서 증폭되기 시작했다.

주요 경제 선진국은 이러한 인식의 변화에 기대어 적극적으로 제조업

혁신정책을 추진하고 있다. 독일은 2012년부터 제조강국으로서 자국의 경쟁력을 유지하기 위해 전통제조산업과 ICT 기술을 접목시켜 스마트 팩토리(smart factory)를 구현하는 소위 산업 4.0(Industrie 4.0) 전략을 산학관 협력으로 추진하고 있다. 미국은 셰일가스(shale gas) 개발로 인한 생산비용 감소,[2] 중국 내 임금상승 등으로 제조업의 본국 회귀(reshoring) 정책(일례로 Apple, Catepillar, Ford, Otis, Whirlpool) 혹은 신규제조기반 구축(일례로 GM, Dow Chemical, Google, Exxon Mobile)을 추진하고(한국은행 2014.4.24.: 3-4), 나아가서 오바마 정부 주도로 첨단제조파트너십(Advanced Manufacturing Partnership: AMP) 프로그램을 도입하여 스마트 제조전략을 적극 지원하고 있다. 일본은 2013년 제시된 '일본재생전략'의 틀 안에서 제조업 경쟁력 강화를 위해 과학기술이노베이션, 산업신진대사촉진 등의 내용을 포함한 산업재흥플랜을 제시하고 있다(박유리 외, 2014). 중국 또한 2010년 17기 전대에서 12차 5개년계획을 통과시키면서 아직까지 세계시장에서 절대 강자가 없는 7대 신성장산업(신에너지, 전기자동차, 신소재, 에너지절약 및 환경보호, 차세대 IT, 바이오, 첨단장비 제조)을 중심으로 제조업을 육성하고자 한다.

이 책에서는 최근 제4차 산업혁명의 기치 아래 지속적인 혁신기술의 투입으로 전 세계적으로 산업구조조정의 붐을 촉발시킨 독일 '산업 4.0' 프로젝트가 일자리 혁신에 미친 의미를 이론적으로, 그리고 제한적 범위에서 실증적으로 분석하고자 한다. 독일에서 산업 4.0 프로젝트는 2011년

---

2) 최근 미국의 천연가스 가격은 아시아의 25%, 유럽의 50% 수준으로 크게 하락한 것으로 알려지고 있다(한국은행 2014.4.23.).

독일 하이테크 전략(High Tech Strategy) 2020 실행계획(Action Plan)의 일환으로 정보통신기술(ICT) 융합정책의 추진과정에서 태동하였고, 2013년 최종보고서 『산업 4.0을 구현하기 위한 제안』(Forschungsunion & Acatech 2013)이 발간되면서 그 모습을 드러내었다. 산업 4.0 프로젝트는 비록 하이테크 전략산업의 일환으로 추진되었으나 일각에서 과도하게 강조되고 있듯 IT 산업의 고도화에 따른 생산의 전면적 자동화, 기계화를 의미하는 것이 아니다. '생산입지로서 독일의 미래'라는 보고서 제목에서 암시하고 있듯 독일의 강력한 산업경쟁력이 곧 제조업의 차세대 전략산업임을 의미한다. 아래에서 보다 구체적으로 논의하겠지만 기존의 대량 생산방식과는 달리 산업 4.0의 가장 큰 특징은 제조업이 개인맞춤형 생산(personalized production)을 겨냥한 기술과 시장의 결합에 놓여 있다. 이는 생산방식의 거대한 변화, 즉 스마트 팩토리로 집약되는 산업 4.0 유형의 제조 인프라의 재구성을 요구한다.

이 책의 구성은 다음과 같다. II장에서는 디지털 경제에서 제조업 강화를 강조하는 산업 4.0의 핵심가치를 혁신, 지속적 가치창출, 고용지속 중심으로 분석하고, III장에서는 산업 4.0 실행의 핵심 개념인 '노동의 디지털화'와 생산방식에 미치는 효과, 그리고 그것이 기업조직과 산업노동에 미치는 영향을 노동사회학적 관점에서 분석한다. 특별히 노동의 디지털화가 촉발한 핵심쟁점인 기술혁신과 노동의 상관관계를 이론적 · 실천적 관점에서 조망한다. IV장에서는 독일의 산업 4.0 실행의 성과와 한계를 간략하게 살펴보고, 특히 중소기업에서 산업 4.0 전략 적용의 어려움을 진단한다. V장과 VI장은 산업 4.0의 방향과 트렌드를 살펴보기 위해 독일 중견기업과 중소기업의 산업 4.0 실행전략을 간략하게 탐색함으로써 제한된 범위 내에서나마 독일 기업의 일자리 혁신전략을 살펴보고, 마지막으로 VII장에서는 우리 기업에 주는 함의를 이끌어 내보고자 한다.

II. 산업 4.0의 핵심가치

혁신 추구, 지속적 가치창출, 고용 지속

II. 산업 4.0의 핵심가치

혁신 추구, 지속적 가치창출, 고용 지속

최근 제4차 산업혁명에 대한 논의가 우후죽순처럼 확산되고 있다(일례로 슈밥, 2016; 요시카와 료조 · 모리타 요시타미 · 스가야 슈 · 오쿠데 마사오 · 후카가와 오사무, 2016). 대체로 이러한 논의는 디지털 기술의 급속한 진전과 일상에 그러한 기술의 적용이 빠르게 현실화되면서 기존의 산업지형과 일상생활이 급격한 변화를 겪고, 현존하는 일자리의 상당수가 자동화, 디지털화로 사라질 것이라는 공포 유발 시나리오를 심층에 둔 대대적인 산업구조조정은 필연적이라는 숙명론을 표방하고 있어 말 그대로 포퓰리즘적 성격이 강하다. 반면, 독일 연방경제 · 에너지부와 연방 교육 · 연구부가 추진한 독일의 '산업 4.0' 프로젝트(Bundesministerium für Wirtschaft und Energie/Bundesministerium für Bildung und Forschung, 2015)는 디지털화가 초래할 산업생태계의 변화에 대한 전략적 과제를 모색하고, 독일 연방 노동 · 사회부는 산업 4.0에 대한 '노동 4.0'의 과제를 정립하는 녹서(Bundesministerium für Arbeit und Soziales, 2015)를 발간한 바 있는데, 앞선 논의에 비해 작업장의 변화와 그에 따른 노동의 새로운 과제를 구체적으로 모색하고 있어 시사하는 바가 적지 않다. 아래에서는 독일에서 진행된 산업 4.0의 논의를 중심으로 제4차 산업혁명의 기본 골격과 과제를 살펴보고자 한다.

산업 4.0으로 대변되는 미래프로젝트는 고전적 산업과정과 결합하여

표 2-1 디지털화에 대한 개념 정의

빈번하고 사용에도 불구하고 디지털화는 번역상의 문제로 상이한 용어가 혼용되어 사용되고 있다. 영어권에서는 디지털 혹은 디지털 전환을 둘러싸고 digitization, digitalization, digital transformation의 용어가 사용되고 있는데, 이를 단순히 디지털화로 번역할 경우 디지털화가 갖는 의미를 제대로 인지할 수 없는 문제가 발생할 수 있다. 따라서 편의상 디지털화로 번역되는 세 개의 주요개념이 지칭하는 바를 좀 더 구체적으로 살펴볼 필요가 있다. 우선, digitization은 아날로그 정보를 컴퓨터가 저장, 처리, 전송할 수 있도록 0과 1로 부호화하는 것, 즉 아날로그 정보를 디지털 형태로 바꾸는 '전산화' 과정을 지칭한다. digitization은 데이터를 처리하는 정보를 지칭하지만, 과정은 아니다. 기업 내에서 데이터를 처리하는 과정은 digitalization과 관련된다. digitalization는 전산화만큼 간단하고 명료한 개념이 아님에도 오늘날 우리가 '디지털화'라고 부르는 개념에 가장 부합하는 개념이다. 노스캐롤라이나 미디어 및 언론정보학과의 Brennen과 Kreiss 교수는 디지털화를 사회생활의 많은 영역이 디지털 소통과 미디어 인프라를 중심으로 재구조화되는 것이라고 정의하는데, 이는 사람들 간의 일상적 소통이 손편지나 전화 등의 아날로그 기술로부터 이메일, 채팅, 소셜 미디어로 이동하는 것을 의미한다. 그뿐만 아니라 ICT 업계에서는 디지털화를 비즈니스 모델을 변화시키고 새로운 수익과 가치창출을 위한 기회를 제공하는 것으로 이해한다. 이는 디지털 비즈니스로의 이행을 의미한다. 부르킹스 연구소의 Muro와 그 동료는 『디지털화와 미국의 노동력』이라는 보고서에서 디지털화를 비즈니스 방식을 전환하기 위해 디지털 기술과 정보를 활용하는 것으로 이해하고 궁극적으로 노동의 세계를 변화시키는 것으로 분석한다(Muro, M., Liu, S., Whiton, J., and Kulkarni, S., 2017). 기업이 디지털 기술(컴퓨터를 비롯한 기타 정보기술)을 실행함으로써 사람들의 직업변화를 동반한다는 것이다. 이와 관련하여 자동화는 가장 익숙한 스토리 중의 하나이다. 한편, 디지털화는 digital transformation(디지털 전환)과 상이한 개념이다. 기업은 자동화 과정부터 컴퓨터를 사용하려는 노동자들을 재교육시키는 것까지 일련의 디지털화 프로젝트를 수행한다. 디지털 전환은 기업이 프로젝트를 실행하는 것만을 의미하지 않고, 소비자가 주도하는 전략적 비즈니스 전환을 의미하는데, 이를 위해서는 조직의 변화는 물론 디지털 기술의 실행이 필요하다. 디지털 전환은 소비자가 주도하여 기업의 핵심역량을 변화시킬 수 있는 그러한 조직을 필요로 한다. 전반적으로 전산화(digitization)와 디지털화(digitalization)은 기술과 필수적인 관계를 맺고 있지만, 디지털 전환은 반드시 그렇지 않으며, 오히려 고객과 깊은 관련을 맺고 있다. 그러나 전반적으로 경제의 디지털화를 지칭할 때 이 세 가지 개념이 중층적으로 연계되어 있다고 보면 되겠다.

가상물리시스템(Cyber Physical System: CPS)으로 동반성장하는 현대 ICT 기술의 진화, 그리고 그러한 기술이 산업에 미치는 혁명적 영향을 핵

심 주제로 삼는다.

미래의 산업 생산은 ICT 기술이 상호 통합되고 인터넷을 통해 기능성이 상호 연결됨에 따라 다품종 소생산을 넘어 소비자의 수요에 맞춘 개별화된 생산품 제작이 가능하게 되었다. 따라서 하나의 생산품이 언제 제조되는지, 어떤 변수로 최적화가 가능한지 알 수 있게 되었다. 이와 같은 ICT 기술은 대체로 자원 최적화를 위한 비즈니스 프로세스에 활용될 수 있다. 대세를 거스를 수 없는 가상물리생산시스템(Cyber Physical Production System: CPPS)으로의 발전은 사물인터넷(Internet of Things: IoT)과의 결합을 통해 생산과정에서 제품의 개별화된 생산이 가능하게 되며(이제 제품은 생산의 단순한 결과물이 아니다), 비즈니스와 가치창출 시스템은 전반적으로 더 빠른 속도로 변화된다. CPS에 의한 실질세계와 가상세계의 동반 성장은 지능 생산시스템의 가능성을 열었으며, 생산을 광범위한 로지스틱과 가치사슬 체계와 연동시킨다. 이는 엔지니어링, 생산과정의 실행, 자원 효율성, 환경 친화력, 공급망과 제품주기 조정 등에서 상당한 진전이 있음을 의미한다.

이와 같은 혁명적 변화는 18세기 후반에 기계 생산설비의 도입과 함께 시작한 산업화 과정의 네 번째 단계로 간주되고 있다. 제1차(수력/증기기관 등에 의존한 기계생산), 제2차(전력 에너지의 도움에 따른 대량생산) 산업혁명은 1970년대 중반 이후 오늘날까지 지속되고 있는 제3차 산업혁명으로 이어졌다. 전자장비와 IT 기술의 도입으로 생산과정의 자동화가 진전되었으며, 정신노동의 일부가 기계로 대체되었다. 비즈니스 프로세스에 착근된 생산시스템을 작업장과 기업에 수직적으로 연결시키고, 그러한 시스템을 실시간으로 조정되는 가치사슬 네트워크로 수평적으로 연결시키는 것을 네 번째 산업혁명 혹은 '산업 4.0'이라고 부른다.[1] 제4차 산업혁명의 성공을 위해서는 자율적이고, 자기 조정능력과 지식에 기반한 생산시스템을 개발하고, 시장화하는 것이 필수적이다. 뿐만 아니라 대량생산품과는 달리 개별화된 상품의 수요, 생산용량의 증대, 생산에서 복합성과 제품생산에서 기술적 이질성의 증대 등과 같은 새로운 요구 또한 해결되어야 할 과제로 등장하고 있다.

물리적 세계와 디지털 세계 간의 상호의존성이 오늘날 정보기술에 의해 사안별로 특수하게 재현됨에 따라 앞서 언급한 해결과제는 대부분 생산 영역에 집중된다. 이러한 변화는 소모적이고, 때로는 정교한 수동 작업을 포함한다. 따라서 서비스 네트워크, 엔지니어링 업무, 시장화, 모든 비즈니스 계획은 종합적으로 상호 조율되어야만 하며, 이 모든 것들은 현대 정보기술의 체계적 활용에 의해 가능하다. 기술발전의 잠재력과 함께 산업 4.0에서 사람은 변화의 중심이자 필수 요인이다. 사람은 단지 고객일 뿐만 아니라 CPPS의 기획과 엔지니어링에서 중심적 위치를 차지하며, 인간과 인간(사회적 네트워크) 및 인간과 기계의 상호작용이라는 새로운 협력 형태와 다층적 과정을 포함하는 생산 속에서 경영자이자 숙련 노동자로 중요한 역할을 수행한다.

이러한 배경에서 산업 4.0 프로젝트는 주요 산업부문에서 시장 지배력, 임베디드 시스템(embedded system),[2] IT 기술의 혁신 지배력, 동기부여

1) 3차 산업혁명에 대한 담론은 기본적으로 재생에너지를 활용하고 새로운 혁신 주기를 개발하는 것에서 출발했다.

가 잘된 숙련 노동자, 고객 및 공급자와의 집중적 협력, 역량 있는 연구 및 교육기관 등과 같은 산업지형의 전통적 강점을 활용하는 것을 강조한다. 다시 말해서 산업 4.0은 현존하는 기술 잠재력을 개선하고, 체계화된 혁신과정을 개발하며, 노동자들의 능력, 성과, 지식을 최적화된 생산과정에 결합시키는 것을 목표로 한다.

산업 4.0의 새로운 특징은 단지 기술적 측면에만 있는 것이 아니라 혁신과정에서 노동자의 결합을 보장하는 새로운 형태의 '노동의 사회적 하부구조'를 강조하는 데 있다. 이를 위해 향상훈련을 포함한 광범위한 숙련화 조치는 물론이려니와 의사결정과 참여의 공간, 그리고 과도한 업무량을 조절할 수 있는 가능성을 부여하는 분권화된 리더십과 조정형태와 같은 높은 수준의 자율성을 노동자들에게 제공하는 것이 핵심이다. 산업 4.0 프로젝트에서 추구되는 이러한 사회기술적 접근은 혁신과정에서 인간 노동의 의미를 확장한다는 점에서 제3차 산업혁명과는 새로운 관점을 제공한다.

산업 4.0의 핵심 요소는 소위 '스마트 팩토리'로 표현되는 지능형 공장이다. 스마트 팩토리는 생산에 참여한 모든 사람들과 자원의 사회기술적 상호작용을 강화하는 것을 특징으로 한다. 그 중심에는 계획과 통제 시스템에 근거하여 자율적이되 상황에 따라서는 스스로 조절하면서 자체적으로 구성되며, 지식에 기반하되 감지력이 있으며(sensor-based), 공간적으로 분산되어 있는 생산자원(생산기계, 로봇, 컨베이어 시스템, 저장시

---

2) 공장자동화 시스템, 컴퓨터, 휴대폰 등 각종 전자, 정보통신 기기 등의 제품에 탑재되어 특정한 작업을 수행하도록 하는 솔루션 시스템을 지칭한다.

그림 2-1 산업 4.0 시스템 요소

	과거: Industry 1.0 & 2.0	현재: Industry 3.0	미래: Industry 4.0
수요시스템	**아날로그 통신** - 지역 시장 - 대형 계산기	**인터넷과 인트라넷** - 수출시장 - PC	**사물 인터넷** - 개별 맞춤형 시장 - 모바일/클라우드 컴퓨팅
시스템	**신 테일러리즘** - 사전생산 - 생산중심 - 기능형/직능형 조직	**린(lean) 생산방식** - Just-in-Time - 프로세스 기반 - 팀 지향적	**스마트 팩토리** - 개별 맞춤 생산 - "조용한 생산" - 플랫폼 내 개체 증가
생산시스템	**기계화** - 컨베이어 벨트 - 생산일정 - 업무 계획표 - 손수레	**공정자동화** - 공작기계 - ERP/MES - (3D)CAD/CAM - 통제 콘솔	**가상화** - 소셜 머신 - 가상 생산 - 스마트 제품 - 모바일 기기

자료: Forschungsunion/acatech(2012).

스템, 운영자원)의 네트워크화가 존재한다. 스마트 팩토리는 생산뿐만 아니라 디지털 세계와 물리적 세계를 완벽하게 연결시켜주면서 이를 생산된 제품에서 구현하는 통합된 엔지니어링을 통해 일반적 팩토리와 구별된다. 나아가서 스마트 팩토리는 회사 간의 가치창출 네트워크 속에 착근된다(〈그림 2-1〉 참조). 산업의 디지털 전환에 있어서 본질적인 변화는 과거 단일 생산공장 내의 경직된 가치사슬로부터 CPPS에 기초한 역동적 가치사슬로의 이행이며, 그 안에서 기술과 생산조직, 노동력이 유기적으로 결합되고 있다(〈그림 2-2〉 참조).

노동자들은 지능적으로 네트워크화된 생산 자원을 통제하고 규제하며, 형성하며, 상황과 환경의 영향에 따라 생산속도를 조정한다. 증대하

그림 2-2 산업 4.0의 CPPS와 가치사슬의 네트워크화

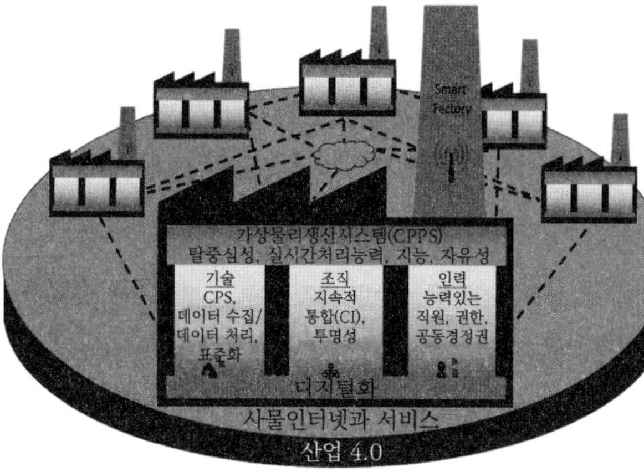

자료: Wannöffel · Schäfer · Lins(2017).

는 복합성이 통제되어야만 하기 때문에 노동자들은 스마트 팩토리에서 숙련을 확보하는 중요한 역할을 맡는다. 스마트 팩토리는 생산성과 숙련 수준이 최고로 높은 상태에서 높은 유연성을 제공하고, 최상의 자원투입을 확보한다. 물론 이러한 역할과 개입은 디지털화의 정도에 따라 달라질 수 있다.

산업 4.0으로의 이행을 실질적으로 가능하게 하는 전반적인 추동력은 〈그림 2-3〉과 같이 이해할 수 있다. 역동적이고, 실시간으로 최적화되며, 스스로 조직화하는 기업 간 가치창출 네트워크 속에서 기술적으로 상호 연결된 데이터는 원자재, 에너지, 노동력과 함께 중요한 산업 4.0의 질료이다. 기계든, 제품이든 사물은 신뢰할 만한 아이피 주소(IP address)를 통해서 상호 소통된다. 이 모든 것을 추동하는 중심주제는 디지털화가 가

그림 2-3 산업 4.0의 추진동력과 영향

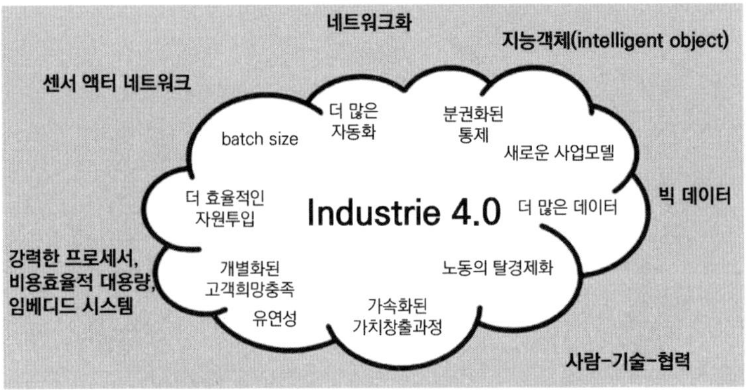

자료: Buhr(2015).

능한 것은 모두 디지털화한다는 것이다. 이와 관련하여 부르(Buhr, 2015)는 긍정적 전망과 부정적 전망을 제시하고 있다. 우선 부정적 전망은 완전히 새로운 비즈니스 모델과 가치창출 가능성이 산업 4.0에서 지배적이 되고, 전통적 생산방식은 점점 밀려나게 되는 경우이다. 긍정적 전망은 오늘날의 생산문제가 미래지향적인 기술로 해결되는 것이다. 만약 부정적 전망을 견지한다면 산업 4.0에서 궁극적으로 새로운 것이나 혁신의 가능성을 찾아보기 어렵다. 산업 4.0을 둘러싼 긍정적, 부정적 전망은 효율성 증대, 자원보호, 비용삭감, 인간적인 노동조건, 고객의 참여확대, 다양한 신제품과 서비스 제공등과 관계한다.

이상으로 산업 4.0 혹은 제4차 산업혁명이 그리는 미래 프로젝트의 특성을 간략하게 살펴보았다. 비록 현재 산업 4.0 프로젝트를 주도하는 독일의 논쟁을 중심으로 살펴보았지만 다보스 포럼[3)]을 통해 이러한 담론이 국제적으로 확산되는 등 파급효과는 결코 작지 않다고 할 수 있다. 앞서 언급했듯 산업 4.0 논쟁을 과도한 디지털 문명론으로 이해하거나 단순히 산업 구조조정과 대규모 일자리 감소라는 공포유발 시나리오로 평가하는 것은 산업지형 변화의 흐름을 이해하는 데 도움이 되지 않을 것이다.

그러한 점에서 산업 4.0 프로젝트가 제기하는 세 가지 핵심 문제 영역을 중심으로 살펴보고자 한다. 주요 쟁점은 다음과 같다.

첫째, 산업 4.0이 노동세계에 미치는 영향은 무엇이며, 산업 4.0에 따른 산업구조의 재편은 개별 경제 영역에 어떠한 영향을 미치는가? 이는 노동의 숙련과 분업구조에 어떠한 영향을 미치는가?

둘째, 산업 4.0은 어떠한 사회적, 정치적 전망에 기초하는가?

셋째, 산업 4.0의 실행과정에서 어떤 행위자들(산업 4.0 진행과정에서 노동의 적극적, 수동적 담지자, 저항자 등)이 형성되며, 이들은 그러한 과정에서 어떠한 희망, 위험, 기대를 가질 수 있는가?(일자리뿐만 아니라 사회적 전망 포함)

3) 2016년 다보스 포럼의 핵심 주제는 '제4차 산업혁명의 이해'였다.

III. 노동의 디지털화

이론과 전망

III. 노동의 디지털화
이론과 전망

1. 디지털화를 둘러싼 논쟁

ICT 기술의 발전과 적용 가능성을 바라보는 주류 담론은 오늘날 기술발전동력이 분명하게 존재한다는 가정에서 출발한다. 이러한 기술 발전은 대단히 분열적인 사회경제적 결과를 초래하는 동시에 지금까지 알려지지 않은 완전히 새로운 기술의 활용 잠재력을 지닌다(Avant, 2014). 기술이 주도하는 새로운 시대는 국제적 논의에서 '제2차 기계 시대'(the second machine age: Brynjolfsson and McAfee, 2014), '제3차 산업혁명'(리프킨, 2011; Markillie, 2012), '제4차 산업혁명' 혹은 '산업 4.0' (Forschungsunion/acatech, 2013) 등으로 파악되고 있으며, 일부 연구자들은 '새로운 유형의 산업화'(Boes et al., 2014), '디지털 자본주의', '분산 자본주의'(distributed capitalism:Zuboff 2010, 리프킨 2011)와 같은 명칭으로 새로운 생산체제가 도래했음을 선언하였다. 이러한 개념에서 경제적 · 사회적 차원에서 점진적 디지털화는 미래사회발전의 "메가트렌드"(Megatrends)로 읽힌다.

물론 이러한 논쟁이 다소간의 '과장'(hype)에 기대고 있는 것 또한 사실이다. 소위 전문가들의 담론에서 엄청난 변화와 발전전망이 예측되고, 정치는 미래의 사회경제적 발전에 다른 어떤 주제보다 중요한 의미와 역할을 부여하고 있다. 이는 흡사 다중매체(multimedia), www, 인터넷에 기반한 신경제(new economy)가 미래사회 번영의 선구자로 환호 받던 1990년대 중후반을 떠올리게 한다. 그러한 이유로 일부 연구자들은 현재의 발전이 "헌 술을 새 부대에 담는" 격이 아닌지 보다 근본적인 문제를 제기하기도 한다(Jasperneite, 2012).

레토릭 측면에서의 과장은 차지하고서라도 이러한 논쟁은 일정 수준에서 설득력 있는 논거를 지니고 있다. 그것은 현재 기술발전 동력의 구조적 결과가 지금까지 거의 예측할 수 없을 수준에서 확산되고 있다는 점이다. 그러한 논의는 디지털 기술의 발전이 기술 활용의 완전히 새로운 특성을 제공하는 새로운 단계에 도달했다는 것을 전제로 한다. 이러한 상황은 지난 수십 년 동안의 발전과정과 구조적 측면을 고려해보아도 비교될 수가 없을 정도이다. 기술 적용의 잠재력이 확장되고 구조변화를 동반하는 기술발전의 새로운 특성을 입증하기 위해 다수의 연구는 상이한 전망에도 불구하고 공통적으로 지난 수년 동안 발전된 기술의 새로운 내용을 분석하고 있다(Geisberger and Broy, 2012; Avant, 2014; Evangelista et. al., 2014). 브린욜프슨과 맥아피(Brynjolfsson and McAfee, 2014, 39ff.)는 다소 교훈적인 방식으로 기술발전의 특수성을 짚어냈다. 이들은 첫째, 지난 수년 동안 하드웨어의 능력이 비약적으로 증가하여 비용을 절감시켰으며, 디지털 기술은 오랜 발전과정을 거쳐 현재 '완전 가동상태'(full force)에 도달했다(ibid.: 9). 컴퓨터의 처리속도(processing speed), 저장용량, 에너지 효율성, 충전밀도(packing density)와 같은 측면이 이에 해당된다. 둘째, 특히 모든 이용 가능한 정보의 네트워크화가 진행되고, 이전에 상이하게 존재했던 미디어 재현(medial representations) 방식이 조정되는(양, 폭, 확산속도) 등 포괄적 디지털화가 실현되었다. 이로써 국제적 차원에서 디지털 기술의 사회경제적 활용가능성이 급격히 증가하였다. 방대한 자료의 수집, 평가, 의도적 활용을 주요 골자로 하는 빅 데이터(big data)는 이와 관련된 대표 사례라고 할 수 있다(Leskovec et al., 2014). 셋째, 디지털 기술은 지금까지는 존재하지 않았던 '일반범용기술'(General Purpose Technologies: GPT)로 이해된다. GPT는 거의 모든 사회 분야를 포함하고 있으며, 이 기술의 응용 잠재력과 결합 가능성은 지속적으로 이노베이션을 자극한다(Brynjolfsson and MaAfee 2014, 81). 그러나 저자들에 의하면 이러한 발전을 가능하게 하는 사회적 변화는 모호하다. 기술에 의한 사회적 변화는 소비와 소득의 관점에서 긍정적 결과를 가져올 수 있지만, 반면에 디지털화가 초래할 경제구조의 변화와 노동의 변화는 사람들에게 매우 고통스러운 도전이 될 수 있다는 것이다(ibid.: 10f.).

다음은 디지털화를 디지털 기술, 그에 기초한 응용시스템, 그리고 그러한 시스템의 네트워크화의 도입을 통해 야기된 사회경제적 변화의 관점에 주목하고자 한다.[1] 이때 디지털화의 두 단계를 구별할 필요가 있다. 첫 번째 단계로서 디지털화는 이미 1990년대 후반에 생산, 소비, 커뮤니케이션이 직접적으로 비물질적 거래, 데이터와 정보의 활용에 기초한 모든 경제 영역에서 관철되었다. 디지털화의 개별사업모델은 물론 기업 및 산업의 광범위한 구조변화를 초래하였던 음반 창작 및 유통, 언론 출판사

1) 정보의 전송이라는 점에서 디지털화(digitalization)는 아날로그 상태의 신호를 디지털 신호로 전환하여 저장하는 디지타이징(digitizing)과는 기술적 의미에서 구분된다(Matt, et al., 2015).

혹은 금융서비스업과 같은 서비스 섹터가 이에 해당된다(Zuboff, 2010; Brynjofsson and McAfee, 2014). 오늘날 아마존과 같은 기업이 개별 소매업체인지, 로지스틱업체인지, 웹 기반 서비스업체인지, 혹은 식품소매업체인지 묻는 것 자체가 의미가 없어졌다. 오히려 이러한 기업은 다른 유사한 기업과 마찬가지로 거대한 데이터 세트(data sets)의 조직적 사용을 사업모델의 기반으로 삼고 있다.

오늘날 디지털화는 디지털화를 상이한 종류의 물리적 대상과 연계시키는 두 번째 단계에 들어섰다. 주보프는 이러한 발전을 기술적, 그리고 사회경제적 변화의 '제2의 물결 변화'(second-wave-mutation)로 정의한다(Zuboff 2010, 8). 기술적 관점에서 이러한 변화는 사물인터넷(IoT)이라는 이름 아래서 다루어지고 있다(일례로 Fleisch and Mattern, 2005; Uckelmann et al., 2011).[2] 이러한 맥락에서 주거, 의료, 교통, 산업생산과 같은 다양한 응용 영역에서 지금까지 알려지지 않은 활용 잠재력을 개척하는 사이버물리시스템(CPS)이 고안되었다(일례로 Gill, 2006; Geisberger and Broy, 2012). CPS 개념을 통해 한편으로는 물리적 시스템과 임베디드 소프트웨어의, 다른 한편으로는 글로벌 데이터 통신망(data network)과 분산되어 있으면서도 상호 연계된 응용시스템과의 정보기술적 상호작용이 가능해졌다. CPS는 보다 구체적으로 '지능형' 장치, 차량, 기계는

2) 이와 관련하여 다양한 행동영역과 그와 연계되어 활용되는 사물의 '지능 통신망'(intelligent network)을 구현하려는 '앰비언트 인텔리전스'(ambient Intelligence) 개념이 창안되었으며, 유사한 방향에서 '유비쿼터스 컴퓨팅'(ubiquitous Computing)과 '퍼베이시브 컴퓨팅'(pervasive Computing)과 같은 개념이 고안되었다(Fleisch and Mattern, 2005 참조).

물론 발전된 인터넷 응용기술과 접목된 로지스틱, 조정 및 운영과정을 지칭한다(CPS의 기술적 전제와 발전경향은 Greisberger and Broy, 2012: 19ff. 참조). 따라서 오늘날 디지털화는 경제적 활동의 핵심영역을 확장시키고 지금까지 알려지지 않은 완전히 새로운 활용 잠재력과 사회적 결과를 결합시키려는 시도로 이해할 수 있다. 구체성의 측면에서 볼 때 이와 같은 디지털화 물결은 제1차 물결과는 비교가 되지 않을 정도로 복잡하다(Zuboff, 2010; Geisberger and Broy, 2012).

디지털화를 둘러싼 논쟁의 실질적인 주제는 산업생산의 디지털화 내지는 디지털 기술의 산업 배치, 그리고 CPS의 네트워크화로 '산업 4.0'이라는 독자적 슬로건을 실제로 만들어낸 독일의 경우 이 개념은 주로 정보전문가나 엔지니어 전문가, 경제단체, 기술집약적 전기 및 기계 산업, 정치에 의해 추동되었다(Forschungsunion/acatech, 2013). 산업 4.0은 두 가지 측면에서 바라볼 수 있다. 하나는 오랫동안 논의되고 이미 부분적으로는 현실화된 생산 개념이 산업 4.0의 이름 아래 데이터 세트의 통합적 활용에 기반하여 생산의 기획, 제어, 감시에 연계되고 있다(Westkämper et al., 2013 참조). 가장 잘 알려진 사례는 이미 1980년대에 도입되었던 컴퓨터 통합 생산(Computer Integrated Manufacturing: CIM) 개념이다(Scheer, 1987). 다른 하나는 산업 4.0 개념이 업무처리 자동화(process automation)의 새로운 단계를 목표로 한다는 점이다. 인터넷을 통해 네트워크화된 데이터 영역을 공장의 실질적인 공정에 고도로 유연한 방식으로 연결시킴으로써 생산과정의 기획, 제어, 조직과 전체 가치사슬을 위한 근본적으로 새로운 잠재력이 확립된다(Broy, 2010; Forschungsunion/acatch, 2013;

Sendler, 2013). 이러한 산업 4.0 개념의 전망과 관련하여 다수의 연구자들은 산업 4.0 시스템이 확산되고, 동시에 사회경제적 과정의 점진적 디지털화가 현실화되면 그 결과를 예측할 수 없는 사회경제적 구조의 변화 과정이 초래될 것으로 예측한다.

2. 사회기술적 체제(Socio-Technical System)로서 산업 4.0[3)]

노동에 디지털 기술을 적용하는 것과 관련하여 일군의 연구자들은 기술발전이 노동에 미치는 결과에 대해 다소 결정론적 입장을 견지한다. 일례로 Evangelista, Guerrieri, Meliciani는 현재의 '기술주도'(technology push)가 분명하고 예측 가능한 사회경제적 변화의 경향을 초래한다고 진단한다(Evangelista et al., 2014). 반면에 이노베이션 연구자들이나 산업사회학의 기술 연구자들은 방대한 이론적 · 경험적 연구를 통해 새로운 기술의 발전, 확산, 실행이 결코 연속적이지도 않고, 모순으로부터 자유롭지도 않으며, 사회적 효과를 도출해내는 것은 가능하지 않다는 것을 보여주었다. 1970~1980년대에 걸쳐 진행된 '기술결정론'을 둘러싼 학계의 논쟁은 기술시스템의 도입과 그것이 노동에 미치는 결과에는 직접적인 상관관계가 약한 것으로 결론을 내렸다. 오히려 기술의 활용은 다수의 비기술적 · 사회적 요인에 의해 영향을 받는다는 것이 명백해졌다. 즉, 기술의 도입이 노동에 미치는 영향에 있어서 기술중심적 해석은 분명하지 않

3) 이 장은 임운택(2016)에 기초하여 작성되었다.

다는 것이 일반적으로 받아들여졌다(이와 관련한 논의는 Lutz, 1987; Pfeiffer, 2013 참조).

그렇게 볼 때 디지털 기술의 확산과 사회적 결과의 상관관계는 결코 단선적이지도 않고, 결정론적이지도 않다고 할 수 있다. 그보다는 오히려 다양한 경제적, 사회적, 노동정책적 요인에 의해 결정되는 복합적이고 상호작용적인 맥락이 관건이 된다. 이때 사회에 영향을 주는 중요한 요인은 기술적으로 주어진 새로운 응용 잠재력을 실질적으로 소모하는 방식과 노동에 미치는 영향이다(Evangelista et al., 2014: 803). 지난 수십 년 동안 해외에서 진행된 노동정책적 기술연구에서 보듯 신기술 도입과 관련된 노동조직의 배태성(embeddedness)과 조정의 형태는 상당 부분 신기술 활용의 결정적 요인으로 작용한다(Brödner, 1997).

이렇게 볼 때 노동의 디지털화 과정, 즉 신기술과 신기술 도입에 의해 촉발된 인사이동 및 작업조직 변화와의 상호작용을 분석하기 위해서는 생산에 대한 전반적 맥락과 그 안에서 효과적으로 작동하는 기술과 작업조직 변화 간의 상호의존성에 대한 분석을 필요로 한다. 이와 관련하여 전체 생산 시스템의 기술, 조직, 인사 요인 간의 상호의존적 관계를 고려하는 사회기술적 체제(Socio-Technical Systems: STS) 개념은 적절한 분석적 프레임을 제공해줄 수 있다(관련 이론은 Sydow, 1985 참조). 항상 하나의 통일성을 유지하고 있지는 않지만, '사회기술적 체제'라는 개념 속에 기술, 조직, 인사와 같은 상호의존적인 부분 체계로 구성된 하나의 생산단위(production unit)가 있다고 전제하는 라이스(Rice, 1953)의 이론은 신기술 도입과 그에 따른 작업조직의 변화를 이해하는 데 도움을 준다. STS 개념에 의하면 기술적 부분 체계가 다른 두 개(조직, 인사)의 부분체계의 독자적 형성 가능성을 제한함에도 불구하고 역설적으로 두 개의 부분 체계는 기술적 부분 체계의 기능방식에 영향을 주는 독특한 노동정책적, 작업조직적, 노동심리학적 특성이 있다.

이 이론은 기술, 비기술 요인의 개별적 기능방식과 그에 따른 변화과정보다는 두 요인 간의 상호작용과 결합방식, 즉 기술의 사회기술적 형성을 분석의 중심에 둔다. 나아가서 한 체계의 기술적, 사회적 요인에 대한 일반적인 기술뿐만 아니라 기술 외에 조직과 인사배치의 차원을 포함한다. 클레그는 이 이론의 기본적 전제를 다음과 같이 서술한다.

> "사회기술 이론(Socio-technical theory)은 사회적, 기술적 요인이 상호 결합되고 하나의 작업체계의 상호의존적 측면에서 다루어질 때만, 새로운 시스템의 구상과 실행이 개선될 수 있으며, 실제로 만족스럽게 작동할 수 있다는 것을 기본 전제로 한다"(Clegg, 2000: 464).

응용가능한 지능형 생산시스템에 대한 논쟁에서 보듯 전체 시스템에 대한 분석적 접근만이 기술도입에 따른 노동의 형성 가능성과 노동에 미치는 결과에 대해 충분히 객관적인 분석을 가능하게 한다. 이러한 이유에서 사회기술적 체제 개념이 현재 산업 4.0 논쟁에서도 수용되고 있다(Forschungsunion/acatech, 2013: 40ff.). 산업 4.0 연구진은 자동화가 개별 노동자들의 일자리, 작업활동, 숙련에 직접적으로 영향을 주기보다는 오히려 생산시스템의 전반적인 조직구조와 사회구조에 영향을 미친다는 점을 지적하는데, 산업 4.0에 내재한 사회기술적 체제는 상위의 전략적

그림 3-1 사회기술적 체제로서 산업 4.0

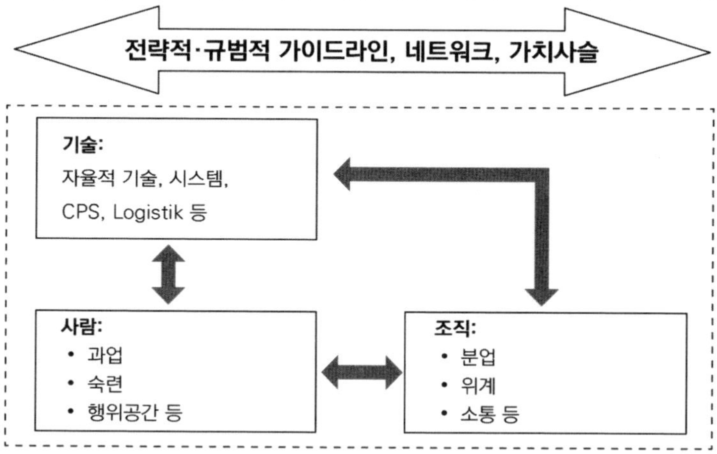

자료: Hirsch-Kreinsen(2015).

가이드라인과 결합되어 가치사슬 전반에 영향을 미치는 중요한 요인이 된다. 사회기술적 이론에 근거할 때 산업 4.0 개념은 〈그림 3-1〉과 같이 이해될 수 있다.

3. 노동의 디지털화 과정과 산업노동의 전망[4)]

1) 고용효과

산업 4.0 도입으로부터 가속화된 디지털화로 인해 발생한 노동의 변화

4) 이 장은 임운택(2018a)에 기초하여 작성되었다.

에 대한 논쟁은 대체로 3개의 큰 주제와 연결되는데, 첫째는 양적 고용효과, 둘째는 직무와 숙련에 미치는 효과, 셋째 점증하는 노동의 유연화와 탈경계화에 미치는 효과이다.

4차 산업혁명과 관련된 일반적 논의에서도 마찬가지이지만 독일에서도 산업 4.0을 둘러싼 논쟁에서 대부분의 논쟁은 고용효과에 집중되고 있다. 개념적 혼란에도 불구하고 산업 4.0의 이름 아래 추진되는 자동화, 디지털화가 단기적으로 해고 효과가 있을 것이라는 데는 반론의 여지가 없다. 그런데도 논란이 되는 지점은 이러한 효과가 장기적으로도 관철될 것인지, 혹은 장기적으로는 새롭게 생긴 일자리에 의해서 보완이 될 것인가이다. 대부분의 관련 연구는 무엇보다 생산과 물류와 같이 저숙련 및 표준화된 직무의 영역에서 일자리가 사라질 것이라고 진단한다. 이는 잘 구조화되고 규칙적 특성을 보여주기에 알고리즘으로 변환되어 자동화하기 쉬운 직무를 전제로 한다. 미국 노동시장의 미래에 관한 프레이와 오스본(Frey and Osborne, 2013)의 연구는 국제적으로도 잘 알려진 대표적 연구로 이들은 반복적 일상 업무를 수행하는 직업들 상당 부분이 자동화로 대체될 것이라고 보았다. 연구대상 지역은 다르지만 뎅글러와 마테스도 독일 노동시장에 대한 유사한 결과를 내놓고 있다(Dengler and Mattes, 2015). 그뿐만 아니라 상당히 많은 연구자들(특히 미래학자들)은 숙련화된 비일상적 직무와 창조적이고 사회적으로 상호작용하는 업무를 수행하는 직업 또한 자동화에 의해 대체될 수 있다고 보고 있다. 이는 단지 생산현장에 있는 숙련화된 직무에만 해당할 뿐만 아니라 생산계획, 공정제어, 사무행정, 제품개발, 관리에도 해당한다.

물론 이와 같은 자동화 대체체제는 여전히 논쟁적이다. 왜냐하면, 다른 연구자들(일례로 Voger-Ludwig · Düll · Krichel, 2016; Warning and Weber, 2017)은 디지털화로부터 예상되는 긍정적 성장 및 고용효과가 총 고용 수준을 넘어서고 단순한 일상노동 또한 역동적 경제시스템 내에서 여전히 필요하게 될 것이라고 본다. 나아가서 연구자들은 디지털화가 일상 업무 또한 경험지식과 같은 비반복적 요소를 포함하고 있다고 비판한다(Autor, 2015; Pfeiffer and Suphan, 2017). 셋째, 이들은 직업의 소멸을 포디즘 시대에 전형적이었던 직무와 직업의 일치라는 관점에서 직업을 바라보는데, 같은 직업 내에서 복합적 직무를 수행하거나 긱(Gig) 고용과 같은 플랫폼 노동이 증가하는 등 고용의 변화에 주목하지 않고 있다. 자동화 테제는 대부분 기술 전문가들에 의해 과대평가된 기술잠재력과 그러한 기술의 영향력에 근거하고 있다. 그렇게 볼 때 디지털화의 실질적인 고용효과를 현재 수준에서 제대로 평가하기란 쉽지 않다.

2) 불투명한 노동구조의 변화에 대한 세 가지 해석

(1) 직무와 숙련의 향상 테제

노동구조 변화의 첫 번째 시나리오는 기술변화에 따른 직무와 숙련의 '향상(upgrade)'이다. 이는 학술적 차원에서뿐만 아니라 사용자와 정부가 관여하는 공적 논쟁에서도 많이 동원되는 논리이다. 새로운 기술의 도입에 따른 단순한 저숙련 업무의 자동화가 다른 업무의 숙련향상을 초래한다는 것이다. 디지털화에 대한 전 세계적인 논쟁에서 다양한 방식으로 암시되었고 실질적인 일자리 소멸에서 보여주었듯 기계에 의한 단순 업무의 대체는 이미 발생하고 있다(Frey and Osborne, 2013).[5] 고도로 반복적 성격, 단순 행위, 경험적 지식에 대한 제한적 요구 등을 특징으로 하여 상대적으로 큰 문제없이 정보화 기술에 의해 알고리즘으로 전환되기 쉬운 물류나 조립공정에서의 업무가 이에 해당한다.

그러나 이러한 표피적인 모습과는 달리 디지털화가 진행된 생산현장에서 숙련향상의 필요성은 경향적으로 모든 노동자집단에 요구되고 있다. 노동의 디지털화 과정에서 숙련향상은 노동의 정보화를 의미하는데, 이를 통해 진행되고 있는 작업과정에 대한 다양한 정보의 가용성이 상승한다고 보는 것이다. 정보의 복합성과 활용은 기본적으로 지금까지 알려지지 않았던 업무를 요구한다. 주보프는 작업과정을 이론적으로 이해하는 '지적 숙련'(intellectual skill)의 의미가 점점 더 증가한다고 하면서, 그러한 지적 숙련은 가용할 수 있는 정보의 전제조건이자 활용 결과라고 보았다(Zuboff, 1988: 94 f.). 이러한 맥락에서 볼 때, 디지털화된 기술의 투입에 따른 승자는 누구보다 높은 숙련과 행동자원을 보유한 노동자집단이 될 것이다(브린욜프슨 · 맥아피, 2014; 특히 5장 참조).

---

5) 오스본과 프레이의 연구는 사실 굉장히 논란이 많은 연구이므로 조심스럽게 언급될 필요가 있다. 스웨덴 경제학자 프레이와 정보전문가 오스본은 미국 노동부가 제시한 702개의 직업목록을 가지고 워크숍에 단 10명의 로봇 및 컴퓨터 전문가를 초대해서 자동화가 가능한 직업과 그렇지 않은 직업을 분류하게 하였다. 전혀 과학적이지도 않고 전형적인 눈대중(eyeballing) 연구였음에도 인터넷에 게재되고 난 후 멕킨지와 같은 전 세계 컨설팅 회사는 물론 세계은행조차 아무런 의심 없이 이들의 연구결과를 인용하면서 두 연구자가 감당할 수 없을 만큼의 명성을 가져다주었다. 실제로 프레이는 인터뷰할 때마다 종종 말을 바꾸었고, 이들이 2013년 발표 당시의 요란했던 직업소멸 테제는 수년 뒤 수차례의 수정을 거쳐 전문학술지에 실렸으나 이제는 학술논문에 별반 관심을 가지는 사람도 없이 초기의 호러버전만 인용되는 실정이다. 따라서 오스본과 프레이의 연구는 자동화의 위험에 대한 경고 정도의 수준에서 언급되는 것이 바람직해 보인다.

산업 4.0을 둘러싼 논쟁에서도 대체로 전반적인 숙련향상이 발생한다고 주장된다. 그 대표 논자는 컴퓨터 공학자이자 기업가이며, 독일 산업 4.0 프로젝트의 설계자 중 하나인 헤닝 카거만(Henning Kagermann)이다. 그는 미래의 노동자가 과거처럼 단순한 '기계운영자'(Maschinenbediner)의 상태를 벗어나 "동료 노동자를 위한 경험 교환자, 의사 결정자, 조정자, (...) 등의 역할을 더 많이 수행할 것"이라고 본다(Kagermann, 2014: 608). 그는 로봇을 투입한 조립공정의 사례를 들어 단순반복 공정의 자동화를 통해 전환, 설치, 품질관리와 같은 까다로운 작업이 새로운 유형의 조립활동에 연결될 수 있다고 설명한다.[6)]

노동에 대한 이와 같은 발전전망은 높은 구조적 개방성, 대단히 제한적인 분업구조, 높은 유연성을 특징으로 하는 작업조직 유형에 조응한다. 능력 있고 경험 많은 직무수행을 통해 예측하지 못한 특수한 상황을 언제든지 극복하기 위해서는 현행 시스템에서 노동자들의 숙련과 경험을 존중하는 노동이 생산조직에 전제되어야만 한다. 노동의 디지털화와 관련된 논쟁에서 몇몇 연구자들은 노동과 관련된 미래의 작업조직 모델로서 다소 은유적으로 표현된 '스웜 조직'(swarm organization: Neef and Burmeister, 2005; Hirsch-Kreinsen, 2014)[7)]을 강조하고 있다. 이러한 조직 유형은 숙련수준이 높고 동등한 권리를 가지는 노동자들의 느슨한 네

---

6) 또 다른 산업 4.0 주창자들인 '플랫폼 산업 4.0'도 유사한 주장을 펼친다(Plattform Industrie 4.0, 2014).

7) 인터넷에 기반을 둔 사회 과정에 대한 사회학적 논쟁에서 '무리'(swarm) 개념은 집단을 지향하는 것이 아닌 개별적 행위자들의 매우 느슨한 네트워크를 표현하는 하나의 사회 구성체를 의미한다(Dolata and Schrape, 2013: 11ff.).

그림 3-2 산업 4.0의 도입에 따른 작업조직의 변화

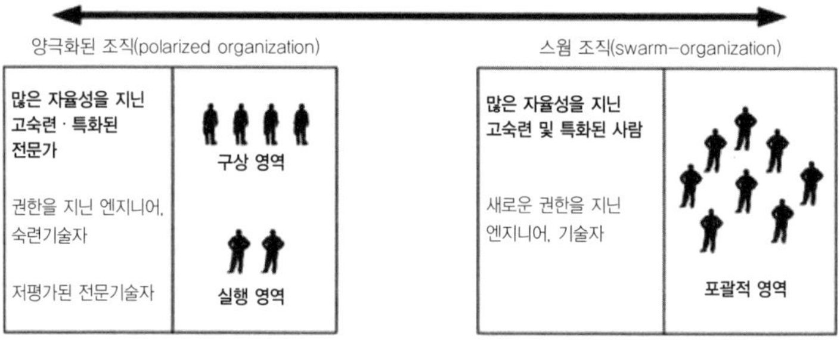

자료: Hirsch-Kreinsen(2015).

트워크를 강조한다(〈그림 3-2〉 참조). 단순하고 숙련수준이 낮은 직무는 지속적으로 자동화로 대치될 것이므로 여기에 해당되지 않는다. 이러한 조직에서는 개별 노동자들에게 특정한 과제가 주어지지 않고, 오히려 문제를 해결해야 할 경우 작업집단이 기술적 시스템 내에서 스스로를 조직화하고, 업무 내용은 고도로 유연하며 상황 규정적이다. 물론 여기서도 경영진이 실행 프레임, 기본적인 행위규범, 전략적 목표, 집단적 방향성, 가능한 한 문제를 발생시키지 않는 최상의 기술과정과 같은 일반적 가이드라인을 제시한다(Neef and Burmeister, 2005: 569ff.). 다시 말해서 이와 같은 작업조직 유형은 소통과 협력의 비공식적 사회 과정의 활용, 그리고 노동자들의 특수한 권한과 누적된 특수한 지식 프로세스의 활용을 추구한다.

(2) 숙련의 양극화 테제

디지털 기술에 따른 노동구조 변화의 두 번째 테제는 숙련집단의 양극

화이다. 특히 노동시장의 거시구조적 발전과 관련하여 이러한 시나리오는 국제적 차원에서도 열띤 토론이 진행되고 있다. 주로 미국과 유럽 주요국가 노동시장 분석에서도 양극화 테제는 확인되고 있다(Autor, 2015; World Bank, 2016). 한편, 양극화 경향은 한 기업 내에서뿐만 아니라 산업부문 간에서도 확인되고 있다(Ittermann and Niehaus, 2015: 33-52).

이와 같은 시나리오의 핵심은 노동의 디지털화로 중간층 숙련집단이 상당 부분 그 존재 의미를 상실하게 되며, 따라서 높은 숙련수준을 요구받는 복합적 업무와 낮은 숙련수준의 단순 업무 간에 거대한 격차가 생긴다는 것이다. 디지털 기술의 투입을 통해 자동화가 증대하면서 중간적 숙련집단의 일자리에 대한 평가절하가 발생한다. 따라서 숙련향상 테제에서 보는 시각과는 달리 단순 업무는 자동화를 통해서 사라지지 않을 것이라고 본다. 오히려 이러한 일자리는 유지될 것이며, 저숙련을 요구하는 단순한 새로운 일자리는 계속 생성될 것이라고 본다.

자동화와 정보화의 상호작용은 지속적인 양극화와 중간 숙련집단의 소멸에 대한 원인으로 분석된다. 그 전제는 잘 구조화되고 규칙 지향적인 특성을 보여, 여타 단순 업무와 마찬가지로 알고리즘으로 전환되기 쉬운 업무들이다. 이러한 입장은 정보화를 통해 노동자들이 작업과정에 대해 더 많은 정보와 데이터를 보유하게 되었음에도 컴퓨터처럼 적절하게 설계된 지원시스템에 의해 지원되는 정보목표는 모델화와 공식화를 통해 계속해서 표준화할 수 있다고 주장한다. 이러한 경향은 디지털 기술이 복잡한 업무를 단순화하여 노동을 통제하는 것을 원칙으로 하는 테일러의 원칙을 최적화하고 있다는 점에서 '디지털 테일러리즘'(digital taylorism)

으로 불리기도 한다('Digital Taylorism', in The Economist 2015.9.12.: 63). 따라서 적절하게 설계된 지원시스템의 투입을 통해 많은 업무가 별 문제 없이 분업을 위해 부분작업으로 잘게 쪼개지고 단순화되어 거의 자유로운 행위공간을 허용하지 않는 엄격한 과업지시가 내려진다. 이로써 노동에 대한 통제가능성이 훨씬 높아지게 되었다(Kuhlmann and Schumann, 2015: 130). 이러한 작업상황은 지금까지 숙련노동자들이 투입되었던 숙련 업무의 탈숙련화로 이어질 수 있다.

숙련화된 전문직 업무의 발전에 관한 한 연구는 개인의 노력의 여부와 무관하게 향후에는 자동화가 된 숙련노동으로부터 기껏해야 '잔여적 범주'만 남게 될 것으로 보고 있다(Kinkel · Friedewald · Hüsing · Lay · Lindner, 2008). 마찬가지로 지능적으로 네트워크화된 물류 시스템 내의 노동에 대한 연구결과도 비슷한 결론에 도달하고 있다(Windelband · Fenzl · Hunecker · Riehle · Spöttl · Städler · Hribernik · Thoben, 2010). 따라서 시스템 전반에 걸친 제어 및 통제 업무를 담당하는 까다롭고 숙련화된 작업과 평가절하된 화물활동 혹은 단순 작업으로 분화된 활동구조가 생성된다(Hirsch-Kreinsein, 2016). 경제학자 마튼 구스와 앨런 매닝이 이제는 '형편없거나 사랑스러운 일자리'(lousy and lovely jobs)만 남게 되리라고 전망하였듯(Goos and Manning, 2007) 전반적으로는 숙련에 따라 양극화된 노동 상황이 형성되고 있다.

(3) 가속화된 노동의 유연화 테제

디지털 기술과 노동의 변화와 관련된 세 번째 테제는 시공간적이고 조직적 관점에서 노동 유연화와 탈경계화(일과 삶의 경계 파괴)를 강화한다는 것이다(Wei ß buch Arbetien 4.0, Arbeitsministerium für Arbeit und Soziales, 2016). 이는 기업 내에서 혹은 기업 간에 이루어지는 작업과정 및 가치창출 과정을 정보기술적으로 전환시키는 계기가 되기도 한다. 이러한 과정의 전제조건은 새로운 기술이 전체 가치창출 과정에서 광범위한 기획 및 제어 가능성이다. 또 하나의 추가적 전제조건은 이전보다 확장된 정보와 데이터에 대한 접근 가능성, 자원과 보조수단, 가치창출과정에 참여하는 사람을 위한 지금까지 알려지지 않았던 소통 및 네트워크 가능성 등이다.

작업장 내부에서 이러한 경향은 제조현장(제조업)의 노동자로부터 엔지니어와 관리자에 이르기까지 매우 다양한 노동자집단에 걸쳐 발생하며, 개별적으로나 집단적으로 직무와 숙련에 상이한 결과를 가져온다(Bauer and Schlund, 2015).

첫째, 현대의 디지털 기술은 지금까지 위계적으로 구축된 ICT 시스템의 유연한 전환을 가능하게 한다. 관련 전문가들은 지금까지의 공장 형태, 즉 오늘날까지 유지되고 있는 중앙집중적 작업조직이나 인사조직 유형이 재조정되고 분권화될 수 있다고 기대한다. 아마도 중요한 결과 중의 하나는 기존의 강고한 위계적 조직 및 경영구조의 자리를 고도로 유연하고, 일시적인 프로젝트 조직과 네트워크가 점점 더 많이 대체해나가는 것이다.

둘째, 새로운 시스템이 작업과정의 실시간 통제를 가능하게 하면서, 이는 이전에 연속적이고 조직적으로 분리되었던 계획, 통제, 실행 과정을 재통합하고, 제어 기술적 측면에서 자율적 조직단위를 만들어내는 조건을 만들어낸다. 동시에 노동의 기능적, 시간적 유연성을 위한 새로운 잠재적 가능성이 열리게 되었다. 개별 기업에서 진행되는 산업 4.0 프로젝트가 어떻게 보이든 간에 이러한 잠재적 가능성은 노동시간의 유연화는 물론 엔지니어링이나 마케팅과 같이 ICT 기술에 기반을 둔 직무영역에서 노동과 노동 장소의 분리를 촉진한다.

셋째, 디지털 기술은 네트워크와 빅데이터를 활용하여 새로운 비즈니스 모델을 만들어내는 전제조건이다(acatech, 2013). 이는 소비자와 외부 파트너를 데이터 기반 네트워킹을 통해 다양한 방식으로 기업경계를 허물고 이동시키는 것을 가능하게 한다. 지금까지의 서비스, 물류, 마케팅 기능이 더욱 긴밀해진 데이터 기반 네트워킹을 통해 불필요해질 수 있다. 일례로 공급자와 최종사용자 간의 물류 관계의 데이터 기술 동기화와 자동화는 지금까지 유지되어 왔던 작업장 내부의 물류 활동을 점차 불필요하게 한다. 그뿐만 아니라 정보기술의 네트워크는 생산개발의 영역에서도 전사적(全社的) 프로젝트 집단을 설립할 수 있는 새로운 가능성을 제공한다. 궁극적으로 정비 보존과 같은 서비스는 최적화된 정보 및 통제시스템의 도움으로 이전보다 훨씬 목적에 충실하게 변화된다.

디지털 기술은 노동과 가치창출 과정에 대한 기업 외부(즉, 소비자)의 영향에 유연하게 대처하는 데 도움을 주고, 이러한 과정에서 기업 간 노동분업과 협력체계의 변화가 발생한다. 무엇보다 디지털 기술은 지금까지 경험하지 못한 수준으로 노동과정에서 '노동의 개별화'를 초래하고, 인터넷 플랫폼을 통해 조정된 기업 외부의 상이한 행위자들이 가치창출

과정으로 진입을 용이하게 하였다. 새롭게 형성된 노동 형태는 '크라우드워킹'(Crowdworking)이라 부른다(Leimeister and Zogai, 2013). 그러한 노동 아래서 노동 기능의 분화는 계약으로 정의된 업무를 제삼자에게 더 이상 공식적인 아웃소싱의 형태로 넘겨주는 것이 아니라 사전적으로(ex ante) 정의되지 않는, 다양하게 특화된 다수의 개별 행위자에게 업무를 위임하는 것이 핵심이다.

그러나 이처럼 기업 외부에서 네트워크화되어 시간과 장소가 분리된 노동의 규모는 노동의 디지털화가 일정하게 진행된 독일에서도 아직까지 정확하게 파악하지 못하고 있다. 이러한 이유로 직무와 숙련에 미치는 결과(디지털화된 노동의 규모)는 여전히 논쟁적일 수밖에 없다(Benner, 2015).

디지털 기술에 대한 노동 유연화 테제는 한편으로 숙련향상-테제와 유사하게 숙련의 향상을 강조한다. 신기술이 소셜 미디어(Social Media) 기능 때문에 작업장 내에서의 유연성 요구를 증대시킴에도 불구하고 이전보다 훨씬 좋아진 일과 삶의 균형(Work-Life-Balance)을 가능하게 한다는 것이다(Kagermann, 2014). 다른 한편으로 이러한 관점은 노동자에게 발생할 수 있는 다양한 위험도 강조한다. 지속적인 접근성, 새로운 노동관계에서 사회보장 및 노동정책적 규제의 결여, 그로부터 발생하는 새로운 불안정 노동형태와 프레카리아트, 지금까지 거의 평가되지 않았던 노동에 대한 디지털 통제의 잠재성 등이 그것이다.

작업장 외부로 분화된 노동형태가 모든 산업노동에서 실현된 것은 아니다. 다양한 업무는 공간적으로 연결된 기술 및 조직구조 혹은 개인 간의 상호작용 관계에 근거하여 잘 알려지지 않고 있다. 독일의 경우, 지금까지 알려진 결과에 의하면 마케팅, 엔지니어링, R&D 영역의 지식집약적 업무에 ICT 기술을 활용하는 매우 소수의 노동자집단이 존재하는 것으로 파악하고 있다(Vogler-Ludwig, Düll, and Kriechel, 2016).

4. 기술과 노동의 길항관계

1) 기술사용의 장애물

잠정적이긴 하나 다양한 연구결과의 차이는 앞서 언급한 바처럼 산업 4.0 프로젝트의 사회적 결과에 대한 분석의 한계에서 비롯된 것일 수도 있다. 그러나 연구 상황이 개선된다고 하더라도 명료한 전망을 내놓고 근거를 제시하기도 쉽지는 않아 보인다. 기술 및 노동에 관한 사회과학적 연구는 지금까지 광범위한 개념적, 경험적 연구결과를 축적하고 있지만, 그 연구의 결과는 새로운 기술의 개발과 확산이 결코 지속적이고 모순 없이 진행되는 것이 아니고, 사회적 결과 또한 신기술의 잠재력으로부터 유추할 수 있을 뿐이라는 것을 확인시켜준다. 심지어 혁신연구에 관한 진화론적 입장조차 기술혁신이 목적지향적이고 역동적으로 진행이 되지만, 그 과정은 위험스럽고 출발점은 언제나 불확실하다는 점을 강조하고 있다(Nelson and Winter, 1977). 특정 시기마다 논의되는 기술확산유형과 그와 연계된 사회적 결과는 신기술을 응용하려는 사회적 요구에 따른 해석과 상용화 기회에 달려있다. 나아가서 디지털 기술의 도입에 따른 거대한 혁신은 확실히 모순적 성격을 지니고 있다는 점을 인식할 필요가 있다. 기존의 노동사회학적 기술연구도 유사한 방식으로 진행되어왔다. 최소한 1980년대의 '기술결정론'을 둘러싼 비판적 논쟁 이후 확실해진 것은 특정한 기술 체계와 그것이 노동에 초래한 결과 사이에는 분명하지 않지만, 기술과는 무관한 사회적 · 노동정책적 · 경제적 요인으로부터 영향을 받는 관계가 존재한다는 것이다(Lutz, 1987).

이러한 논리를 따르면 디지털 기술에 대한 사회적 분석에서 기술은 단지 가능한 발전 잠재력뿐만 아니라 기술 도입과정에서 발생하는 모순과 장애도 고려해야만 한다. 후자는 특히 디지털 기술과 노동의 관계에 예측할 수 없는 방식으로 영향을 주고 따라서 기술적 가능성에 대한 평가 그 자체를 문제 삼기도 한다. 무엇보다 노동의 디지털화 과정과 연계된 모든 한계와 장애를 본질적인 것으로 간주할 필요가 있다.[8]

2) 신기술의 제한된 지배력

디지털 기술의 도입에 따른 장애는 노동 혹은 노동심리 관련 연구에서 꾸준히 다루어져 왔다. 지속적인 자동화와 시스템의 복합성 증대는 기술의 제한된 지배력과 높은 기능적, 경제적 장애의 가능성과 노동행위에 대한 예측 불가능한 요구와 동반된다. 일련의 연구결과에 의하면 기술 장애를 피하거나 제거하기 위해 시스템 운영에 효율적으로 개입하는 것은 더

8) 그밖에 경제적이고 기업 구조적 장벽이 있을 수 있지만, 이는 이 논문의 주제를 벗어나므로 다루지 않기로 한다.

이상 불가능하다. 왜냐하면, 노동자들이 자율적 시스템을 효과적으로 통제하고, 시스템 운영에 대한 책임을 떠맡을 상황에 놓여 있지 않기 때문이다(Grote, 2015). 그 원인은 ICT 기술에 의해 조정되고 시스템 운영으로부터 노동자들이 멀어지면서 직원들이 중요한 시스템 기능에 대한 충분한 지식과 경험을 획득할 수 없게 되기 때문이다. 이는 노동자들에게 진행 중인 프로세스에 대한 더 많은 정보를 주어도 마찬가지이다. 이때 노동행위를 신뢰할 수 있는 수준으로 자동화하고 이를 지원하는 디지털 시스템의 능력에 대한 노동자와 경영진의 무한한 신뢰가 관건이 된다. 그로부터 심리학자 베인브릿지(Lisanne Bainbridge)가 '자동화의 아이러니'(ironies of automation)라고 기술한 노동 상황이 등장한다(Bainbridge, 1983). 그에 의하면 반복과정에 기초한 고도로 자동화된 과정은 대체로 예측하기 어려운 상황에서 반드시 장애가 발생하지만 이를 극복하기 쉽지 않은 작업상황을 발생시킨다. 그러한 장애를 극복하기 위해서는 종종 일상적 반복 작업에서는 구축하기 어렵거나 지속하기 어려운 숙련, 권한, 경험적 지식이 요구된다.

자동화가 진행되면서 직무와 숙련의 향상 혹은 평가절하에 대한 요구와 관련된 명백한 진단은 보이지 않는다. 다만, 노동의 변화는 언제나 개별 시스템의 맥락에서 진단되고 전망될 수 있을 뿐이다.

3) 경험지식의 중요성

노동사회학의 연구에 의하면 생산과정에서 자동화가 지속되면서 경험지식과 같은 주관적 숙련요인의 중요성은 흡사 기술투입의 의도하지 않은 결과처럼 꾸준히 증가한다(Bauer · Böhle · Munz · Pfeiffer · Woicke, 2006). 경험지식의 부재는 노동과정의 디지털화에서 쉽게 지나칠 수 없는 대표적 장애이다. 이때 행위규칙이 아예 없거나 불분명해서 정보기술에 의한 알고리즘화가 근본적으로 차단된 암묵지(tacit knowledge)와 같은 지식유형이 관건이 된다. "우리가 말하는 것보다 더 많이 알고 있다"고 한 과학철학자 마이클 폴라니의 소위 '폴라니 패러독스'(Polany's Paradox: Polanyi, 1966)를 차용하면 유연성, 판단 능력, 사회적 상호작용과 소통, 특정 작업과정에서 투적된 경험적 지식이 노동의 디지털화에서도 여전히 중요한 의미를 지닌다. 경험적 지식에 기반을 둔 업무 요소는 높은 수준의 창의성, 문제해결 능력, 그리고 직관력이 있어야 하는 인지적이고 지적인 일자리에서 필요로 한다. 물론 이러한 능력은 당연하지만, 상황적 적응능력과 유연한 행위, 사회적 상호작용, 육체적 재능, 단순한 감각을 요구하는 업무영역에서도 필요하다. 이러한 관점은 앞서 요약했던 기술 투입에 따라 중간 숙련집단이 사라질 것이라는 노동의 양극화 테제를 뒷받침한다. 이전보다 더 중요해지고 있는 고객지향성으로 인해 유연하고, 상황에 적절하며, 상호작용하는 노동행위에 대한 요구는 디지털 기술이 투입됨에 따라 모든 노동자 집단에게 전반적으로 증가할 것이며, 그로부터 역설적이지만 노동의 디지털화와 관련된 새로운 장애요인 또한 늘어날 것이다.

4) 노동의 변화

지금까지의 연구결과를 종합해 보면, 산업 4.0 프로젝트와 함께 지속적으로 추진되고 있는 노동의 디지털화라는 조건 속에서 직무와 숙련이 역동적이고 종종 예측할 수 없는 방식으로 변하고 있음을 알 수 있다. 그 원인은 쉽사리 예측하기 어려운 자동화와 정보화의 상호작용에 있다. 디지털화를 통해 반복적인 업무가 자동화될 수는 있지만, 해당 직무가 항상 완전하게 대체된다는 의미는 아니며, 오히려 새로운 업무의 수행을 위한 범위가 발생하기도 한다. 파이퍼와 주판(Pfeiffer and Suphan, 2015: 209)은 용접로봇을 통해 생산노동자가 대체되느냐 아니냐의 문제를 넘어 구매담당 사무직원도 사라질 위험이 존재한다고 강조한다. 하청업체에 대한 평가가 알고리즘에 의한 구매 데이터를 통해 이루어지고 있기 때문이다(Pfeiffer and Suphan, 209). 따라서 비즈니스 모델이 급진적으로 변화하고, 가치창출 사슬이 새롭게 재구성되어, 그로부터 지금까지 존재했던 분업형태가 사라지고 새로운 하이브리드 형태의 복합적 직무요구가 발생하고 있음에 주목해야 할 필요가 있다.

지금까지의 다양한 논증을 요약해보면 기술과 사람(노동) 간의 상호작용에 대해 단순히 도출적 전망을 하는 것은 대단히 협소한 이해방식이다. 중간수준의 숙련집단이 점진적으로 해체될 위험에 처해 있다는 양극화 테제가 대표적 사례이다. 왜냐하면, 그러한 직무는 종종 다양한 업무를 포괄하고 있어 반복되는 직무요소의 자동화가 이루어져도 남아있는 정밀한 업무의 확장과 심화를 허용하기 때문이다. 나아가서 진행되고 있는 작업과정에 대한 다양한 데이터와 정보의 가용성 증가로 비근하게 이해되는 정보화의 효과는 노동자를 위해 구체적으로 제시되어야 한다. 정보화는 많은 경우 직무의 지평을 확실하게 확장할 수 있다. 자동화를 통해 반복적인 자료정리 업무를 하는 동시에, 확장된 진단 가능성과 시스템 장애를 제거하기 위한 새로운 행위공간이 발생하는 정비보전업무의 사례에서 이러한 변화를 확인해 볼 수 있다.

5. 사회기술시스템으로서 노동과 기술의 재구성

1) 사회기술시스템의 관점에서 본 산업 4.0

지금까지 살펴본 디지털 기술의 도입에 따른 산업노동의 변화에 관한 일련의 연구결과를 보면, 다가오는 미래에 당분간 이질적이고, 부분적으로는 모순적인 노동의 발전이 예상된다. 다시 말해서 전적으로 기술에 의해 정의되고, 필연적으로 관철되는 노동에 대한 어떠한 확고한 발전전망이란 존재하지 않는다. 오히려 기존의 연구결과는 디지털화의 시대에 숙련 노동을 확보하고 구축하는 것은 저절로 이루어지지 않는다는 것을 보여주고 있다. 이러한 변화 전체를 조망하기 위해서는 생산과정의 기술적 · 조직적 · 노동적 차원을 동시에 고려해봐야 한다. '사회기술시스템'(Socio-Technical System: 이하 STS)적 접근은 이와 관련하여 유익한 출발점이 될 수 있다. STS 접근은 실제로 산업 4.0 프로젝트를 구상한 독일한림공학원(acatech) 연구팀이 포괄적인 산업시스템 전환을 위해 강조한 전제조건이기도 하다(acatech, 2013). 물론 STS 접근은 노동과정의 기계화와 자동화를 구축하고 분석하는데 유익한 개념적 · 분석적 가치를 가지는 것으로 노동연구사에서도 오래된 전통을 가지고 있다(cf. Trist and

Bamforth, 1951). STS에서 핵심관점은 사람이냐 기술이냐와 같은 선택의 문제가 아니라 기술과 사람이라는 요인이 상호 조율된 총체적 시스템이 구축될 수 있도록 개별 요소를 보완하게 하는 데 있다(Grote, 2017). 한편, 총체적 시스템을 보완하자는 주장에는 숙련 지향적 노동의 잠재력을 최대한 활용하자는 기본적인 개념이 내포되어 있다.

그러한 관점에서 보면 이제 개별 부분 시스템이 아니라 기술, 인간, 조직이 상호작용할 수 있는 잠재적 형성공간에 주목할 필요가 있다. 즉, 기술 · 인간 · 조직이 기능적으로 상호작용할 가능성 혹은 기술 · 인간 · 조직이라는 각각의 부분 시스템 간의 접점을 찾는 것이 관건이 된다. 궁극적으로 기술과 노동의 유기적 결합을 구체화하기 위해서는 기능적이고 경제적인 관점 외에도 '좋은' 노동, 그리고 그와 연계된 사회정책 및 노동정책적 이해관계와 같은 규범적 목표를 견지하는 것이 대단히 중요하다.

2) 사회기술시스템에서 사람, 기계, 조직의 인터페이스[9)]

최근 독일의 산업 4.0 프로젝트의 실행에 따라 변화된 노동과정을 관찰한 일련의 연구결과에 의하면, 사람, 기술, 조직 간의 인터페이스를 찾기 위한 일련의 직무 기준들이 제시되기 시작했다. 이와 같은 직무 설계 기준은 두 가지 방식으로 형성되는데, 그 하나는 노동 및 직무연구에 관한 전통적 지식자원을 활용하는 것이고, 다른 하나는 신기술의 소셜미디

9) 이 장의 주요 내용은 Hirsch-Kreisensen et. al.(2016)과 Ittermann et. al.(2016)의 논의에 근거하고 있다.

어 기능이 (자율적) 노동에 대한 새로운 가능성을 열게 됨에 따라 직무설계를 완전히 새롭게 바꾸어내는 것이다. 두 가지 방식에 기초하여 사람-기계-조직 간의 새로운 인터페이스 공간을 살펴보자.

(1) 사람-기술 간의 인터페이스

우선, 사람과 기계의 접점형성을 위한 핵심적 기준으로 상황 인지력, 적응성, 보완성과 같은 범주들이 강조될 수 있다. 상황 인지력과 적응성은 시스템 전제의 부하를 제어하거나 부담을 주는 직무의 자동화가 진행되면서 특수한 노동조건과 부하에 디지털 시스템의 인체공학적(ergonomic) 적응이 필요할 때 요구된다. 그뿐만 아니라 중단 없는 작업 흐름(work flow)을 확보하고 돌발적 작업 중단의 스트레스를 피하고자 특수한 상황에 맞는 최적의 데이터와 정보를 공급하는 것이 중요하다. 한편, 지속적인 학습 및 숙련과정을 기술적으로 유지하기 위한 정보 및 지원시스템의 지능적 적응력은 모든 다른 각각의(심지어 개별적으로도) 숙련수준에서 가능하다.

보완성은 사람과 기계와의 사이에서 이루어지는 상호작용의 두 가지 핵심적 측면에 집중한다. 그 하나는 상황특수적인 사람과 기술 간의 유연한 기능분업이다. 다른 하나는 노동자들에 의해 시스템의 투명성과 충분한 통제 가능성의 전제조건이 창출되어야만 한다. 디지털 방식으로 지원되는 노동자의 행위 및 의사결정 가능성을 안전하게 구축하기 위해서는 직관적으로 사용되고 빠르게 학습 가능한 시설과 실시간으로 디지털 정보에 접근할 수 있게 하는 사람과 기계와의 상호작용이 사람과 기계 간에 형성되어야 할 중요한 측면이다.

스마트한 시스템과 인간 행위 간의 상호작용은 기본적으로 혼성적(hybrid) 특징을 지닌다. 기술을 수동적 대상으로 간주했던 전통적 시각과는 달리 디지털 시스템 내에서 기술에는 유능한 행위자의 역할이 부여되는데, 이때 행위자에게 단순히 기술분업뿐만 아니라 새로운 기술과 사람 사이에 특수한 방식으로 결정 권한을 행사해야만 하는 역할이 주어진다.

(2) 사람-조직 간의 인터페이스

사람과 조직의 접점에서 직무, 즉 작업조직을 설계하기 위한 중요한 기준은 직무구성과 인력투입에 따른 총체성과 역동성을 고려해야 한다는 것이다. 총체성의 기준은 이중적 의미에서 직무의 완전성을 의미한다. 그 하나는 직무가 실행적 업무뿐만 아니라 명령적(조직, 기획, 통제) 업무를 포괄하는 것을 의미하며, 다른 하나는 직무의 총체성이라는 기준으로 인해 설정된 까다로운 업무의 부담을 적절하게 완화하는 것을 목표로 한다(즉, 직무수행 가능성). 한편, 직무의 총체성은 높은 수준의 활동 범위와 노동의 자기 조직화를 위한 핵심 전제조건이다. 나아가서 이렇게 형성되는 새로운 작업조직은 다시 학습 및 지속적인 숙련화 과정을 위한 전제조건이 된다.

직무의 역동성과 관련된 기준은 무엇보다 학습과정을 허용하고 촉진하면서 체계적 작업전환을 위한 노동조직의 (재)구축 가능성을 목표로 한다. 한편, 새로운 소셜미디어 기능이 다양하게 특화된 노동의 혁신능력과 새로운 해결방안을 촉진한다. 제대로 구조화되지 못한 작업형태의 맥락에서 상이한 능력과 자격조건을 가진 직원/노동자(예컨대, 연령대가 상이한 작업조직)의 투입이 가능하다. 마지막으로 덜 구조화되고 역동적인 작업조직은 공장시설과 시스템의 복합성이 증대됨에 따라 불특정하고 구조화되지 못한 상황에서도 유능하고 결정능력이 있으며, 효율적으로 문제를 해결하기 위한 전제조건이 된다.

지금까지 언급한 기준의 실천은 수평적 수직적 차원에서 상이한 숙련을 보유하였으나 동등한 권리를 가지고 작업하는 노동자들의 느슨한 네트워크화를 특징으로 하는 작업조직의 형태를 가능하게 한다. 이러한 작업조직 유형은 높은 수준의 구조적 개방성, 매우 제한적 분업, 자체조직화된 직무, 높은 유연성을 특징으로 할 것이다.

(3) 기술과 조직 간의 인터페이스

조직과 기술 간의 인터페이스, 공정과정 및 기업조직에 대한 핵심적 기준으로 분권화된 조직 하위단위의 도입이 예상된다. 이와 관련해서 한편으로는 과거 IT 기술 시스템에 비해 새롭게 분권화된 디지털 기술의 형성 잠재력이 조직적으로 활용될 수 있다. 다른 한편으로 분권화된 조직의 하위단위가 인간 중심적이고 혁신적인 산업노동의 새로운 형태를 만드는 중요한 조직적 기본요건을 제공한다. 이와 관련하여 노동의 총체성과 자체조직, 직무의 다면성(polyvalence), 학제적 프로젝트 집단의 유무 여부는 중요한 근거를 제공한다. 다양한 차원에서 전체 공정조직을 지속적으로 변환시키려는 노력이 분명해질수록 수평적 조직의 관점에서는 다양하게 특화된 기능영역의 유연한 통합이 관건이 된다. 한편, 수직적 조직의 관점에서는 지금까지의 작업을 수행하는 현장기능과 간접적 영역 간의 이루어졌던 분업을 지향하고, 경향적으로 유연하고 다른 조직과의 협력의 새로운 형태에 의해 대체되어야 한다. 궁극적으로 결정권한의 변화와 하위수준으로 책임이전의 관점에서 생산활동과 경영활동을 포함하는 관리기능의 새로운 조직화는 필수적이다.

6. 소결: 대안적 작업조직과 작업장 혁신을 위한 성공요인

앞서 살펴본 바와 같이 디지털화된 노동의 발전전망은 다양하다. 간단히 말해서 직무와 작업조직 형성과 관련된 '단 하나의 최상의 길'(one best way)은 존재하지 않는다. 작업조직과 연계된 노동의 발전전망은 극단적인 상황일 수도 있다. 실제로는 구체적 기술 활용조건, 시스템 기능, 사업장의 구조조건에 따라 작업조직은 양극화된 발전전망 그 사이에서 형성될 것이다.

일련의 연구에서 보여주었듯 디지털화된 생산시스템이 투입되면서 '스웜 조직'의 중요성이 점차 설득력을 얻고 있다. 숙련 노동력의 효율적 시스템 지배는 덜 규제적이고, 비공식적이며, 협력적인 작업과정에 의해 확보되는 것처럼 보인다(Lee and Seppelt, 2009; Cummings and Bruni, 2009). 더욱이 의사결정 과정과 소통과정이 동시적으로 요구될 때 그러한 작업조직의 틀은 그러한 문제를 잘 극복할 수 있는 것으로 보인다(Spath et al., 2013: 115f.). 한편 복합적 작업시스템은 쉽게 변경이 가능하지만,

그만큼 불투명하고 예측할 수 없는 효과를 초래할 수 있다(Grote, 2005). 그 복합성 때문에 산업 4.0의 도입과 가동단계가 길어지면서 직무와 노동 조직은 높은 유연성과 문제해결능력을 보여주어야만 하며, 명료하게 정의된 최종 상태에 도달하지 못할 수도 있다. 복잡한 설비의 수명은 쉽게 통제되지 못하는 시스템 상황과 연계되며, 일반 사업장에서 예상하지 못한 가동문제(start-up problem), 진행문제는 공개적이고 비공식적인 작업 조직 내에서 극복될 수 있다(BMWi, 2013).

마지막으로 정보기술 덕분에 실질적인 공정과정으로부터 작업기능의 시간과 공간을 분리할 수 있으며, 시공간적으로 유연화된 작업의 가능성이 높아지는 것이 노동의 형성과 권한 분배에 어떠한 영향을 미칠 수 있는지 물어볼 필요가 있다(cf. Kinkel et al., 2008: 245). 이러한 가능성은 작업현장 활동뿐만 아니라 사업장의 더 높은 위계에 위치하는 경영활동에도 적용된다. 노동과정이 비공식적이고 비구조화된 성격을 획득함에 따라 작업조직과 사업장의 위계질서의 분명한 모델을 언급하는 것이 점점 더 어려워지면서 조직구조의 경계가 모호해지고 있다. 노동과정에서의 소통과 사회적 통합은 더 많은 소통기술과 미디어에 영향을 받으며, 앞서 언급한 스웜 조직 모델은 지속적으로 탈경계화된 노동의 지배적 형태로 관철될 것으로 보인다. 이 경우, 소위 '크라우드 워크'(crowd work)로 알려진 사업장을 넘어 사회적으로 영향을 받는 인터넷 기반의 글로벌 노동환경의 새로운 형태의 확산도 예측해 볼 수 있다.

소위 '크라우드 워크' 혹은 플랫폼 노동에서 노동자들이 접하는 작업시스템의 행위 영역은 〈그림 3-3〉에서 보듯 대단히 광범위하며 일자리를

그림 3-3 크라우드워크 작업시스템의 행위 영역

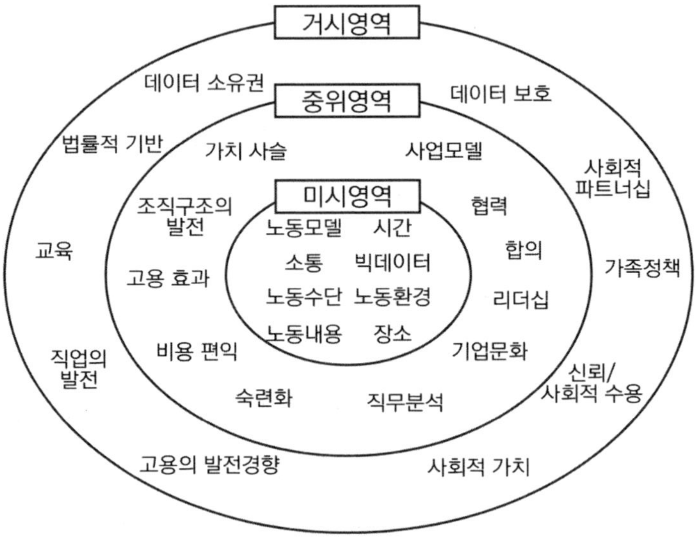

넘어 전 사회적 차원에서 영향을 주고받고 있다. 그러나 이러한 추상적 논의가 곧바로 현실의 작업장에 그대로 적용되는 것은 아니다. 아래에서는 산업 4.0에서 본질적으로 추구하는 고객지향적 생산과 그에 따른 작업장혁신의 기업 사례를 통해 제조공장의 변화된 모습을 추적해보고자 한다.

Ⅳ. 독일 산업 4.0의 성과와 과제

잠정적 평가

Ⅳ. 독일 산업 4.0의 성과와 과제

잠정적 평가

1. 디지털화의 발전과정

포디즘적 생산양식의 등장 이후 산업생산 발전에서 현재의 디지털화만큼 생산과정 전반에 걸쳐 강력한 영향력을 미치는 '메가트랜드'(megatrend)는 존재하지 않았다(Shack, 2008). 이제까지 산업혁명이나 기술혁신이 작업장 내의 생산 및 노동과정에 대한 합리화 과정으로부터 발생하였던 반면, 디지털화는 기본적으로 작업장 외부에서 여가시간 확대나 소비행태의 변화를 통해 발생한 소비자의 요구를 충족시키기 위해 디지털 기술을 활용하여 노동과정의 유연성을 증대시키면서 생산혁명이 진행된다는 점에서 이전의 산업혁명과 차이를 보인다. 현재 상태에서 산업생산의 디지털화는 근대적 생산시스템의 효율적 추동력의 역할을 하고, 동시에 이는 미래의 고객 맞춤형 대량생산의 필수적 전제조건이 될 것이다. 그러나 디지털화는 일상에서 일과 자유시간의 경계를 점점 더 모호하게 하는 연결기술로, 이러한 기술은 일과 자유시간의 복합적 형성을 더욱 복잡하게 만들어 버리는데, 한편으로는 사람들이 자유시간을 누리는데 분명한 기회를 제공하지만, 다른 한편으로는 기술의 사람 친화적 이행에 있어서 커다란 위험을 동반하기도 하다.

지난 수년 동안의 진행된 산업의 발전 경향을 자세히 들여다보면, 디지털화가 생산과정에서 발생한 다양한 문제들을 해결하고 앞으로도 그러한 능력을 유지하는 데 크게 이바지할 것이라는 점은 분명하다(Engel, 2012). 조달과 청구와 같은 사무처리 과정의 디지털화부터 장기문서보관과 제품 카탈로그 등에 대한 문서 및 정보요구, 심지어 컴퓨터지원공정계획(CAPP: Computer Aided Process Planning)이나 시뮬레이션과 같은 복잡한 제품 및 공정과정에 대한 완벽한 도면 등에 이르기까지 산업생산에서 디지털화 수준은 계속해서 증가하였다. 이와 동시에 지속적으로 발생하는 데이터를 구축하고 관리하는 데 필요한 개념들이 고안되었다. 이러한 진화의 기본 동력이 오늘날 디지털화의 발전을 규정하고, 수십 년 동안 개발된 모든 핵심 개념에서 발견되고 있다.

1980년대 이후 CIM(Computer Integrated Manufacturing: 컴퓨터에 의한 통합적 생산시스템) 틀 안에서 제조공정에 초점을 맞춰 개발부터 생산까지 정보의 지속적인 흐름을 통제하려는 비전이 제시되었다(Schneider 1986: 9ff.). CAD(Computer-Aided Drawing: 컴퓨터지원설계)와 CAM (Computer Aided Manufacturing: 컴퓨터이용제작)을 결합하고, 기계 개발에서부터 수치제어(NC: Numerical Control) 기계에 이르기까지 가치사슬의 연속공정 방안이 고안되었고, 이는 오늘날에도 다양하게 활용되고 있다. 개입영역이 제한적이고, 제품 생산과정에서 데이터 용량이 제한되고, 학제 간 협력의 의미에서 응용프로그램의 통합적 성격이 제한된 탓에 이러한 발전은 잠시나마 은폐할 수 있었다.

이후에 등장한 PLM(Product Lifecycle Management: 제품수명주기관

리) 프로세스는 제품데이터에 제한되어 있기는 하나 CIM에 기반을 두고 데이터를 통합관리하는 핵심 개념을 확장하였다. 2D부터 2½D를 거쳐 3D까지 응용프로그램이 개발되고 프로그램의 형태와 위상을 보완하여 데이터에 대한 요구, 데이터의 기능, 데이터를 활용하는 태도가 확장되면서 PDM(Product Data Management: 제품 데이터 관리)의 모델 규모는 점점 더 포괄적인 형태를 채택하고, 그에 따라 제품의 디지털 이미지 또한 지속해서 발전해왔다(Schak, 2008). 1990년대에는 '디지털 공장'이라는 개념이 관철되면서 기존에 제품의 데이터에 집중했던 문제는 해결되었다. 이 시기에는 기본적 범주로 생산과정과 자원이 PPR(Product-Process-Ressource: 제품-프로세스-자원 통합관리) 모델 속에서 제품데이터를 보완해갔다(Schallow et. al., 2014). 동시에 생산시스템의 실제 데이터를 가지고 모델 데이터와 계획 데이터를 지속해서 조정해나가는 작업이 중요해졌다(〈그림 4-1〉 참조).

디지털로 통합된 기업에 대한 비전으로서 표현되는 디지털화는 4차 산업혁명(혹은 산업 4.0)이라는 요란한 구호에 맞춰 비로소 등장한 산업발전을 지칭하는 것은 아니다. 〈그림 4-1〉에서 보듯 가치창출 네트워크 안에서 점진적인 데이터 통합, 조직구조와 작업흐름 관리, 지식경영을 위한 데이터 기반 시스템과 비즈니스 모델로의 조정은 단지 제조기업이 다가오는 미래에 직면하게 될 다양한 도전 일부에 불과하다. 이 모든 것은 디지털 시대의 특정한 단서, 정체성, 권한 속에서 유지된다. 디지털화된 영역에서의 새로운 발전이 이루어짐에 따라 많은 기업이 의도적이면서도 실행 가능한 방식으로 고용문제를 해결하려고 한다. 즉, 기업은 산업 4.0

그림 4-1 디지털화의 발전과정

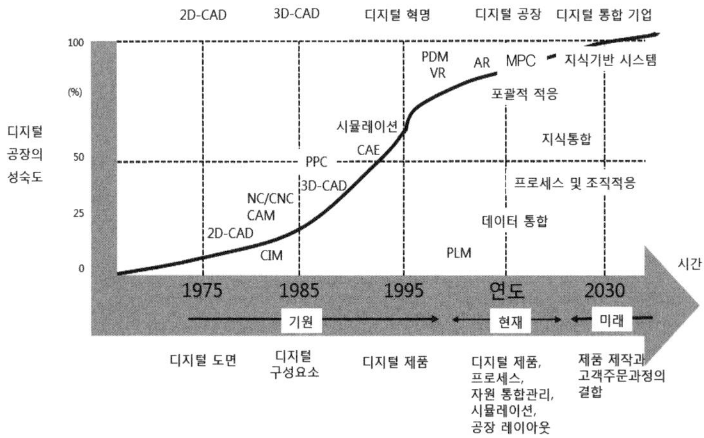

주요 개념: 디지털 공장의 기술				현재	
2D	2차원	CNC	컴퓨터 수치 제어	CIM	컴퓨터에 의한 통합적 생산시스템
3D	3차원	NC	수치 제어	PLM	제품수명주기관리
AR	증강현실	PDM	제품 데이터 관리		
CAD	컴퓨터지원설계	PPR	디지털제품 – 프로세스–자원 통합관리		
CAE	컴퓨터이용공학	MPC	생산 계획 및 통제		
CAM	컴퓨터이용제조	VR	가상현실		

출처: (Schallow · Hengstebeck · Deuse, 2018).

과 함께 고용에서 어떤 일이 발생할 수 있는지, 또한 이러한 기회를 활용하고 위험을 피하고자 기업이 구체적으로 변화시켜야 하는 것이 무엇인지 파악하려고 한다.

2. 산업 4.0의 의미

최근에 대대적으로 이루어진 광범위한 혁신에서 출발하여 산업 4.0은 기술혁신을 (생산) 직원의 요구에 맞추기 위한 새로운 길을 열고 있다. 여기에는 사람과 기계 간의 협력적 분업, 연령을 고려한 분업, 생산시스템의 유연성과 가변성의 비약적 증대에 이르기까지 다양한 행위 영역이 존재한다. 산업 4.0은 고유한 정보를 교환하고 행동을 야기하며, 상호 독립적으로 조정할 수 있는 지능적 기계, 경영수단, 제품을 포함한다(Kagermann, et. al., 2013). 따라서 전체 제품수명주기를 따라 산업 공정이 근본적으로 개선되며, 생산 공정상의 복합성도 제어되어야만 한다. 이러한 발전은 개별 자원의 조달에서 전체 생산 공장을 포괄하는 공급사슬에 이르는 다양한 기업영역에서 그 영향력이 감지된다.

작업현장에서 생산 자원(일례로 경영자금, 일자리, 제품 등)은 일례로 마이크로 컨트롤러(micro controller)와 같은 지능적 제어장치의 확장을 통해 CPS로 변화한다(cf. Spath et. al., 2013). 이러한 생산 자원은 모든 개별 상태에서 진행되고 있는 작업공정 및 CPS 능력과 용량에 대한 정보와 같은 지속적인 자료를 수집한다. 지속적인 생산 공정 네트워크화는 CPPS의 등장을 가능하게 하고, 그 안에서 CPS는 사물인터넷(IoT)이나 서비스 인터넷(Internet of Services)을 통해 탈중심적으로 소통하고, 실질적인 작업 데이터에 기초하여 과제를 해결할 수 있게 되었다(e.g. 공정별 작업주문 처리-order dispatching-). 책임 있는 직원에게 CPPS 구조를 투명하게 제공하는 방편으로 가상현실에 기반을 둔 발표시스템(virtual presentation system)의 구축은 매우 중요하다. 이를 통해서 적은 노력으로 CPPS의 개별 요소나 위계 상 존재하는 개별 구조에 대한 정보를 얻을 수 있다(cf. Lenkenhoff, et. al., 2016).

이와 관련된 세부 영역에서 CPPS와 조작기능과의 연계는 생산 현장에서 획득할 수 있는 생산시스템의 전체 주기의 인식을 개선하는 데 유의미하다(일례로 시스템 구축과 경험적 교환의 개선 방식)(cf. Hengstebeck, et. al., 2017). 이때 산업 4.0의 유효범위는 개별 공장의 경계를 넘어 전체 공급사슬에서 혁신을 가능하게 할 수 있도록 확장된다(예컨대 공급업체에 자동 재료주문).

전반적으로 산업 4.0의 틀에서 네트워크 기능을 강화하고, 지능형 생산 자원의 자율성을 높이는 것은 동적 시간(dynamic time)의 조건에도 불구하고 개별소비자 맞춤 생산, 신속한 주문생산, 노동자 친화적 생산에 기여할 것으로 기대한다(Deuse et. al., 2013; Kagermann et. al. 2013). 기업 측면에서 보면 생산현장의 강화하고, 경쟁력을 유지할 가능성이 발생한다. 그뿐만 아니라 산업 4.0은 혁신이 가능한 환경을 유리하게 조성할 것으로 기대된다. 예컨대 기업은 자신의 기술적 우위를 이용하여 새로운 제품이나 서비스를 개발하고, 새로운 시장을 개척하는데 활용할 수 있다(cf. Gaussemeier et. al., 2017). 산업 4.0의 거대한 경제적 의미에도 불구하고 아직 생산현장에서의 해결방안(디지털 기술의 수용과 활용 정도)은 상대적으로 제한적이다. 작업현장에서 디지털 기술의 구현상태에 대한 엄밀한 분석은 원인을 진단하고, 현재의 기술구현 장해물을 제거하는 중요한 요구사항을 제시한다.

3. 작업장에서의 산업 4.0 구현 상태

디지털화의 다른 영역에서와 마찬가지로 산업마다 산업 4.0의 구현상태는 매우 이질적이다. 처음부터 산업 4.0을 기업발전의 특별한 기회로 보는 기업과 지금까지 알려진 잉여가치의 획득방식을 신뢰하지 않는 기업 간의 긴장 관계가 여전히 강하게 존재한다. 이때 한편으로는 예측 가능한 프로토타입을 벗어나 비경제적 요인의 발전을 조작할 수 있게 하거나, 다른 한편으로는 불안정한 상태에서 산업 4.0의 무리한 도입은 기업의 경제적 상황을 악화시킬 위험이 존재한다. 더구나 대기업보다 기술과 자금력이 부족한 중소기업은 산업 4.0의 실행에 있어서 대체로 목표와 현실적 조건 사이에서 한계에 부딪힌다.

독일도 중소기업은 대체로 기존의 사업모델이 이미 디지털화와 네트워크화(일례로 데이터 마이닝 서비스 제공, 시스템 통합)에 기반을 두고 있을 때, 혹은 산업 4.0의 틀 안에서 발전 잠재력을 찾을 수 있는 배경(일례로 센서 제작업체, 자동화 시스템 공급업체의 경우)을 가진 경우에 산업 4.0 전략을 수용한다. 그렇다고 전체 국가 경제의 관점에서 중소기업의 다수가 산업 4.0 전략을 수행하면서 별다른 문제가 없는 것은 아니다. 중소기업의 경우에 산업 4.0의 수용 여부는 기업 자체의 고유한 관심에서 비롯되기보다는 대체로 협력기업과의 이해관계 때문에 발생한다. 이러한 분업은 일반적으로 중소기업이 떠안아야 하는 개발위험을 넘어 디지털화 프로젝트의 비용과 활용이 개발 네트워크 단계에서 더 작은 파트너에게 전가되는 위험이 내재한다. 최종적으로 잠재적 이익을 증가시키기 위해 중소기업이 자신의 주도로 더 많은 조치를 정당화하는 것을 필요로 하는 한, 산업 4.0 전략의 수용과정에서 이득을 보지 못한다. 산업 4.0으로의 이행은 여전히 진행 중이고, 중소기업에 적합한 기준방식의 채택은 제한적으로만 발생한다.

이러한 이유로 인해 '디지털 기업'의 대표적인 상(像)은 자동차, 항공우주 혹은 잘 알려진 플랫폼 서비스 공급업체 등에 의해 지배되고 있다. 따라서 디지털화를 전체 기업전략의 일부로 파악하는 대기업에 우선적으로 산업 4.0을 추진할 능력과 구조가 존재하며, 적절한 방식으로 이를 계속 발전시킬 자세와 가능성이 존재한다. 이러한 전략의 본질적인 특성은 디지털 환경에서 시너지 효과, 즉 분야 간 데이터의 수집과 통합을 통해 특수한 잉여가치나 역량을 제공하는 것이다. 이 모든 접근방식은 IT 도구의 완벽한 통합에 의한 디지털 보급에 근거하고 있으며, 나아가서 시장의 행위자들에게 이 모든 것이 완벽하게 통합될 수 있다는 인상을 준다. 그러나 산업 4.0 프로젝트가 관철된 후 외부에 비친 기업지형의 모습은 금융에 취약한 기업이 그러나 네트워크에서 매우 빠르게 배제되고 있다는 점이다. 따라서 잠재력, 총체적 디지털화 전략 구상과 같은 긍정적 표현에도 불구하고 다수의 중소기업에서 산업 4.0의 실질적인 효과는 미비한 상황이다. 그뿐만 아니라 산업 4.0의 성과에 대한 과도할 만큼 긍정적인 표현은 산업 4.0 진입요건의 불명확한 기술과 평가로 인해 실용적 접근 및 적용사례의 확산을 방해하기도 한다.

독일에서 진척된 디지털화의 실제상황(〈그림 4-2〉)을 보더라도, 연구차원에서 추동된 파일럿 프로젝트와 지난 수년 동안 생산기업에서 실현

그림 4-2 기존의 디지털화 연구에 대한 분석적 관점

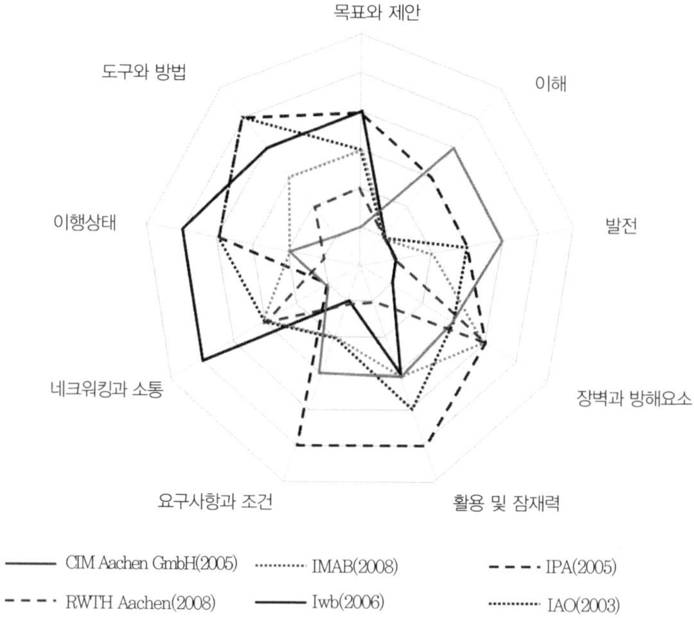

된 기술상태 간의 간극이 크다는 것을 알 수 있다. 1990년대 후반에 이와 관련된 개념적 접근이 있었음에도 실천적으로 충분하게 이행되지 못한 점이 있었다면, 그러한 불균형은 오늘날까지도 잘못 이해된 린경영방식(Lean Management)의 도입과정에서 심화된 측면이 없지 않다. 따라서 산업 4.0의 대표적 국가인 독일에서도 제조기업의 다수는 시대적으로 유행하는 IT-구조와 상응하는 경영전략을 완비하고 있는 것은 아니다. 대기업 또한 과거의 IT 수단으로 미래의 제품을 생산하려고 하고, 이는 현재의 복합적인 IT 네트워크에서 강력하고 꾸준한 경향을 반영하는 것이기도 하다. 작업장에서 다양하게 시도된 혁신에 관한 기존의 연구는 기본적으로 제조업체가 디지털화라는 개념과 관련하여 기업이 추구하는 모든 반복적 통합적 시도이다. 디지털화된 가치창출 네트워크에서 관찰공간이 확대되기는 하지만, 실질적인 협력의 문제는 오히려 더 커지고 조망할 수 없게 되어버렸다. 하나의 통일적 목표와 문제의 명확한 인식은 3차 산업혁명이 시도된 지난 수십 년 동안의 미해결 과제였다(Stark, et. al., 2014).

실행 지향적 기업목표를 추구하고, 디지털화 조치를 간결하고 투명한 형태의 패키지로 분할하는 새로운 접근방식은 이전보다 성공의 가능성을 높이고 있다. 산업 4.0 플랫폼과 폐쇄적 기업에 새로운 레이더 기술(NT Radar: New Technology Radar)과 같은 혁신기술을 도입하여 디지털화의 성공적 실행을 조망하기 위해 독일 기계설비산업협회가 제시하는 산업 4.0 지도는 정보를 제시하면서 기업의 수요를 항상 충족시키지는 않는다. 기본적으로 중소기업에서 산업 4.0을 실행하기 위한 성공 요인은 매우 특수할 수밖에 없다.

4. 산업의 디지털화를 위한 성공 요인과 잠재력

현존하는 디지털화 방식을 확장하는 과정에서 산업 4.0으로의 이행은 기술혁신의 개발과 연결되고, 이는 많은 부분에서 전통 기술이 제시한 가능성을 넘어섰다. 오랫동안 성공적인 인간과 기술의 상호작용은 두 요소 모두에게 성공 요인이고, 잠재력을 고려해볼 만한 것이다.

1) 기술적 성공 요인과 전제조건

산업 4.0의 실행 과정에서 등장한 CPPS는 다양한 작업을 수행하는 제조공장에서 활용되었다. CPPS는 생산영역에서 지능형 경량로봇을 이용하여 능력에 따른 공정한 업무분담을 원칙으로 하여 전통적 작업활동을 더 효율적이고, 인체공학이며, 합리적으로 실행할 수 있게 직원을 지원하는 데 초점이 맞추어져 있다(cf. Bauer et. al., 2016). 그뿐만 아니라 CPS의 덕분에 실시간으로 수집된 고품질의 운영 데이터는 산업의 데이터 과학 영역에서 새로운 길을 제시하고 있다. 디지털 보조시스템을 활용한 데이터에 대한 의도적 분석을 통해 제품생산의 가치흐름(value flow)이 총체적으로 분석되고, 개선될 수 있다. CPPS의 성공 요인은 운영오류관리를 걸쳐 생산현장의 보조 로봇의 투입에 이르기까지 기업에 요구되는 유연성이 기업의 다양한 작업장 전 영역 걸쳐 관철된다는 데 있다.

공장 운영과정에서는 시장의 요구사항, 즉 고객의 차별화된 수요를 충족시키기 위해 공장 운영과정에서 더 높은 유연성이 요구된다. 원하는 방식대로 자원을 네트워킹하여 제품을 생산하는 과정에서 공장의 실시간 이미지를 만들어내는 것이 가능해졌고, 이러한 실사 이미지의 도움으로 공장의 역량을 더 목적적이고 효율적으로 가동할 수 있게 된다. 이는 수요에 특화된 생산을 가능하게 하며, 이때 주문은 개별소비자의 희망에 부응하여 직접 공장으로 전달되며, 주문의 조정에 대한 요구가 발생하면 공정과정 중에도 즉각 반영될 수 있게 한다. 그 결과 실질적으로 생산품의 다변화가 가능해졌다. 이처럼 각 프로세스에서 필요한 리소스(자원)를 주문하고 제품을 실시간으로 전달함으로써, 제품생산 공정과정에서 지체 상황이 발생하지 않도록 (소위 'frozen time') 시간을 통제할 수 있게 되었다. 이러한 과정이 원활하게 작동하기 위한 핵심 전제조건은 기업 내부에 제한된 주문처리 과정을 넘어서 수요자와도 연계된 전면적 디지털 네트워크화이다. 디지털 네트워크화는 예컨대 주문마다 특화된 정보기술의 가용성을 요구하는데, 이는 공급자와 수요자 간의 총체적이고 지속적인 데이터 교환을 통해서만 가능하다(일례로 재고에 대한 정보, 예측된 범위 등). 그뿐만 아니라 정보 기술적 측면에서 잠재적 최종고객을 주문처리 과정에 결합하는 것이 요구된다. 이런 방식으로만 고객의 희망을 실시간으로 관찰하고 운영프로세스를 적절하게 제어하는 것이 가능하다. 전반적으로 유연성의 생성은 운영비용과 연계되어 있음을 알 수 있다. 수요기반 유연성의 지속적인 개선과 이행은 산업 4.0의 핵심요구사항이다.

한편, CPS의 투입에 따라 생산의 장애관리(fault management)의 영역에서 새로운 가능성이 생성되고 있다. 생산과정에서의 장애는 이제 가치사슬의 최종단계에서 인지되는 것이 아니라 시작단계에서 확인이 된다. 이러한 과정에서 결함이 있는 부품의 추가처리와 그에 상응하는 추가비용 발생을 피할 수 있게 되었다. 단순한 장애에 대한 인지과 함께 생산오류처리는 중요한 관찰 대상이 된다. 데이터 분석의 현대적 수단의 도움으로 적절한 개선조치를 유도하기 위해 모든 장애발생 원인에 대한 목적적 조사가 가능해진다. 여기 CPPS에 기초한 데이터 교환을 통해 이루어진 전반적인 생산과정의 개선은 곧바로 다른 생산영역으로 이전될 수 있다. 장기적으로 생산 장애의 지속적인 개선을 위한 기존의 방식보다 더 적절한 예측모델과 기술지원 제작방식이 등장하게 될 것이다. 오류확인과 이와 연계된 모든 분석 가능성이 무엇보다 CPS를 기술적으로 가능하게 한다. 라스베리 파이(Raspberry Pi)와 같은 기존의 마이크로 컨트롤러(micro controller: 좁은 범위 내에서 프로세스를 정밀하게 제어하는 장치)를 중심으로 하는 생산 자원의 확장은 이제 충분하지 않다. 오히려 적절한 센서 시스템이 특수한 상황에서 적절하게 선택되거나 하드웨어 혹은 소프트웨어의 필요 때문에 CPS에 결합한다. 의도적 데이터 분석의 경우 기록된 센서 데이터가 작업현장에서의 데이터처리와 연결된다. 적절한 인터페이스의 형성과 가공, 데이터 교환형식의 충분한 활용 등이 그것이다. 이와 같은 기본적 전제조건과 더불어 인간의 풍부한 경험지식이 결합되는 적절한 예측모델의 개발이 중요해진다.

산업 4.0은 로봇공학 분야에서 이루어낸 혁신 성과와 함께한다. 산업용 로봇의 도움으로 완전 자동화를 구현하려는 시도와는 별개로 경량로봇의 투입은 사람과 로봇의 능력을 의도적으로 결합하는 다양한 가능성을 제공한다. 따라서 기본적 업무프로세스에서 사람들이 가변적이거나 인지적인 과제를 수행하고, 로봇 시스템은 반복적 과제에 투입되면서 개개인의 강점을 더 잘 활용할 수 있게 되었다(Fitts PM, 1951). 사용자 회사의 관점에서 충분한 이윤증가는 혁신을 위한 필수조건이다. 대부분 이러한 기업은 화폐적 혹은 질적 측면(예컨대 경험적 이윤창출 가능성)을 포함하고, 이를 토대로 첫 단계의 분석이 진행된다. 의도적으로 로봇을 투입하는 근본적 이유는 현재의 일자리로 적절한 시스템의 선택과 통합이 이루어진다는 점이다. 잠재적 로봇시스템의 잠재력을 주어진 프레임 안에서 일방적으로 사용하는 것이 주된 목적은 아니다. 일자리에서의 적용 가능성을 검증하는 것은 종종 생산과정을 효율적으로 형성하는 시도와 함께 진행된다(일례로 로봇의 급작스러운 전면도입보다는 개별적 자료공급). 로봇화를 실행하는 과정에서 인간과 로봇 간의 장기적이면서도 확고하며 성공적인 협력을 위해서 현재 적용되는 안전규칙은 필수적이다(cf. ISO/TS 15066. 2016).

2) 숙련 노동의 성공 요인과 전제조건

산업 4.0의 도입은 노동자의 직무에 대한 풍부한 변화를 담고 있다. 일례로 노동자는 CPS의 목적적 투입을 통해 작업과정을 보다 효율적으로, 보다 인체공학적으로 형성하면서 혜택을 볼 수 있다. 동시에 노동자들은 더 복합적이고 이전에 없었던 새로운 작업과제와 마주하게 되면서(일례로 CPS 수리), 그에 상응하는 숙련수준이 요구된다(cf. Bainbridge, 1983). 디지털화에 따른 새로운 노동에 대한 요구에 직면하여 기업의 간접 영역에 있는 직원에 대한 특수한 숙련 또한 중요해지고 있다. 요컨대 점증하는 데이터 총량과 변화, 처리속도로 인해 산업 데이터 사이어스(data science)의 영역에서는 더욱 복합적인 평가 프로세스가 지배적인 것으로 되고 있다. 따라서 경영진은 직원에게 산업 4.0의 목표와 장점을 분명하게 설명하고, 이들이 디지털화 도입에 다른 변화과정에 적극적으로 결합하게 할 능력을 갖추게 해야 한다. 이 모든 영역에 해당하는 핵심 요소는 증가하는 복잡성과 숙련에 대한 요구이다.

지능형 기술의 투입을 통해 복잡성이 증가하지만, 직원들에게는 투명하고 다루기 쉬운 공장 환경이 만들어진다. 이는 어떤 상황에서도 요구되는 정보를 수요에 따라 제공할 수 있는 기술적 지원시스템(일례로 태블릿, 스마트폰)의 목적적 투입을 통해 가능해진다. 이를 통해 직원들은 산업 4.0(혹은 노동의 디지털화) 과정을 더욱 쉽게 이해하고, 작업을 효과적으로 통제하며, 발생하는 문제를 빠르게 개선할 수 있게 된다. 디지털 기술의 사용자들이 이를 수용하기 위한 기본 조건으로, 제공되는 지원시스템이 가장 최근의 중요한 기업 정보를 취급하고 있어야만 한다. 이는 모든 하드웨어와 소프트웨어의 기술적 전제를 포함해서 CPPS에서 실시간으로 전달되는 '가상 프레젠테이션'(virtual presentation)이 존재함으로써 가능하다.

한편, 증강현실(Augmented Reality: AR)이나 확장현실(eXtended Reality: XR)을 사용하면서 사무관리 직원들은 이전보다 더 높은 수준의 숙련을 충족시켜야만 하는 상황에 직면하고 있다. 자신의 일자리에서 필요한 직무와 연계되어 있어서 직원들이 상황이나 맥락에 민감한 학습을 비교적 적은 노력으로 습득할 수 있도록 유도한다(예컨대, 증강현실 안경을 사용한 작업의 필수단계 인식). 이때 요구되는 모든 작업과제의 정보를 전달하기 위한 기초로서 CPPS에 기술적 지원을 제공하는 것이 필수적이다. 오늘날 이와 관련된 프로그램은 기술적 시스템에 완전히 수용되었으며, 이는 기존의 산업 개념과 두드러진 차이를 보여준다(cf. Deuse, et. al., 2015: 52). 그러한 점에서 직원에 대한 계몽과 포용은 숙련향상과 관련하여 중요한 성공 요인이 된다. 산업 4.0의 대표적 성공 요인은 〈그림 4-3〉에서 보여주듯, 다양한 기업의 영역에 적용되어 성과를 끌어낼 수 있는 잠재력을 제공한다.

그림 4-3 산업 4.0 적용의 성공 요인과 전제조건

	성공요인	전제조건
유연성	• 생산량 계획 • 주문생산 • 단축된 시간동결 공간	• 소통 인프라 • 이해당사자의 결합 • 수요지향
실패 관리	• 장애발생의 현지화 • 데이터 분석 • 예방	• 센서 기술 • ICT 결합 • 모델개발
로보틱스	• 인간-로봇-상호작용 • 능력에 따른 권한 • 분업	• 혜택평가 • 작업시스템 설계 • 실행계획
복잡성	• 복잡성의 지배 • 기술적 보조시스템 • 투명성 창출	• 데이터 가용성 • 가상적 CPPS의 표현 • 시각화 기술
숙련	• VR/AR • 상황 맞춤형 학습 • OJT	• CPPS에 기술적 지원시스템의 결합 • 직원들의 수용

자료: Wagner(2018: 25).

5. 4차 산업혁명의 조직

산업 4.0의 잠재력과 다양한 발전 방향에 대한 분석에서 분명해진 것은 인간과 기술과 같은 주제를 다룰 때 어느 한 측면만 독립적으로 조망하는 것은 근대적 생산시스템의 총체적 개선이라는 요구에 어울리지 않는다는 점이다. 따라서 한편으로는 개별 기업의 중심과제들의 지능적인 결합, 다른 한편으로는 제조기업의 형성구조와 프로세스 구조의 통합이 필요하다. 현재 산업 4.0이 구현한 이미지는 마치 하나의 섬처럼 고립된 프로토타입(prototype)으로 비치고 있는데, 기업 내에서의 네트워크, 그리고 다른 기업으로 일방적인 확산은 부적절해 보인다.

조직적 차원에서 볼 때 산업 4.0은 독일에서조차 지금까지 소수 기업에서만 프로젝트 형식으로 관철되고 있거나 이제 겨우 정보설명회를 넘어 도입을 준비하는 단계로 진입한 형편이다. 그런데도 기업에서 산업 4.0과 관련된 일을 전담하는 부서가 개별적으로 생겨나고, 기존 구조(일례로 IT 부서, 산업 엔지니어링, 개발 부서 등) 내 산업 4.0에 필수적이라고 여겨지는 권한이나 업무가 통합되는 등 폭넓은 변화가 발생하고 있다. 기업의 대안적 접근으로 언론에 자주 보도된 지멘스(Siemens) 공장처럼 소프트웨어와 제조기술 노하우를 기업 내부로 통합시켜 거대한 구조조정을 취하는 기업은 독일에서도 오히려 예외에 속한다. 산업 4.0 개념에 기초한 기업조직구조의 광범위한 구조개혁 경향과 더불어 핵심기술 분야에서 역량구축이 관찰된다. 한 번 구축된 전문지식을 유지하기 위해 적절한 역량을 지닌 엔지니어를 확보하기 위한 기업 간 경쟁 또한 치열하다.

이러한 경향과 함께 산업 4.0이 기업의 기존 조직구조와 조화를 이룰 수 있을지 독일의 경영자들은 비판적인 질문을 던지고 있다. 공식으로 시너지 효과와 지속적인 개발 가능성을 강조하고 있음에도 린경영(Lean Management)과 같은 기존의 경영방식이 산업 4.0의 맥락에서 종종 충돌이 발생하거나 심지어 대립적인 것으로 인지될 수가 있다. 엔지니어링, 작업준비, 공정제어와 같은 전통적인 기업의 핵심기능이 분업화되고, 이전보다 강력하게 자동화된 공정제어를 특징으로 하는 산업 4.0의 핵심과제 및 존재 방식과 충돌하기도 한다. 이러한 경우에 경영진의 의지로 산업 4.0 전략이 관철되고는 있지만, 기업 내부의 저항이 분명하게 감지되기도 한다.

스마트 엔지니어링이나 산업 데이터 사이언스와 같이 다수의 기업에서 첨단형식의 새로운 작업영역을 만들어냄에 따라 형성되는 직원들의 불안감을 빠르게 감지하고 전략적 관점에서 이를 미래지향적 대안으로 대체하는 일은 산업 4.0의 성공에 매우 중요하다. 핵심적 내용은 직원들이 자신들의 부서에서 익숙한 전통적인 사고를 벗어나, 부서 간 작업이라는 방향으로 발전하게 하는 것이다. 여기서 필요한 것은 작업의 일관된 실행에 있어서 새로운 권한과 기술의 도입을 위한 방법을 정의하고 조직화하는 등 잘 기획되고 장기적인 디지털화 전략이다.

연구적 관점에서 볼 때 위에서 아래로 강제하는 톱다운 방식의 기존의 프로젝트 방식을 벗어나 독일의 산업 4.0은 공장/생산현장에서 구체적 실행에 초점을 맞춘 전략적 관점이 도드라진다. 산업 4.0 프로젝트의 두 번째 흐름은 산업에서 문제해결과 이전과 차별화된 효과를 거둘 수 있는 분명한 방향을 보여준다. 문제해결의 구조는 전반적인 기술 솔루션으로부터 브라운필드형 투자에 이르기까지 빠르게 통합 가능한 맞춤형 솔루션으로 발전하고 있다. 이는 기업 내부의 필요성에 따라 조직혁신이 유연하게 적용될 수 있음을 의미한다.

6. 소결: 결론과 전망

과거의 디지털화 노력을 자세히 들여다보면 모든 유망한 트렌드라 할지라도 산업실천에서 장기적으로 관철될 수 없다는 것은 분명하다. 이러한 위험은 산업 4.0의 기획에서도 과소평가하면 안 된다. 4차 산업혁명에서 강조되는 기술과 인간의 성공요인은 서로 독립적이거나 부분적으로 결합하는 것이 아니라 오히려 전체 디지털화 전략 아래서 구조화되고 상호 배태되어야 한다. 이러한 방식으로 CPPS의 기술적 가능성은 최상으로 활용되며, 전체 기업에도 장점(일례로 다양한 기업의 영역으로 특수한 개선조치의 전달)을 제공한다. 현재의 기술적-조직적 발전(일례로 통합 솔루션)과 다양한 기업의 적용사례는 향후 산업 4.0을 확고하게 발전시키기 위한 의미 있는 토대가 되는 셈이다.

V. 노동의 디지털화 독일 중소기업 혁신사례 1

V. 노동의 디지털화 독일 중소기업 혁신사례 1[1)]

1. 혁신의 배경

독일 Bruchsal에 본사를 두고 있는 SEW-EURODRIVE 회사(이하 S사로 지칭)는 1931년 설립된, 86년의 역사를 지닌 기업이다. 2016/17년 회계 기준 매출액이 28억 유로(2017년 기준: 3조 6,509억 원)로 규모만으로 보면 대기업에 속하나 가족경영 형태를 유지하고 있어 독일 기준으로는 중견기업에 해당한다. 독일 공장에 고용된 종업원 수는 현재 1만 6,600명이다. S사는 기어드 모터 제작에서 출발하여 현재는 각종 모터, 대형 기어박스, 인버터, 서보 컨트롤러, 컨트롤 시스템 등 다양한 제품과 전문 엔지니어링 기반의 컨설턴트가 결합된 토탈 솔루션을 제공하고 있다. 주요 고객은 자동차산업부터 로지스틱, 광산업에 이르기까지 다양하다.

S사는 1960년에 프랑스의 이그노(Haguenau) 지역에 생산 공장을 세워 처음 해외로 진출한 후, 1960년대에는 유럽, 1975년에 남미, 1980년대에 미국으로 진출한 후 현재는 아시아까지 포함하여 전 세계 51개국에 15개의 공장과 77개의 드라이브 테크놀로지 센터를 중심으로 생산 및 판매 네

---

1) 본 연구는 2017년 12월 현지방문조사를 통한 인터뷰를 통해 이루어졌다. 회사연혁과 산업 4.0에 기초한 산업 4.0 콘셉트는 https://www.sew-eurodrive.de/unternehmen/unser_drive/sew-eurodrive_vor_ort/standort_deutschland/standort_deutschland.html 참조.

그림 5-1 SEW EURODRIVE 생산 네트워크(2017년 기준)

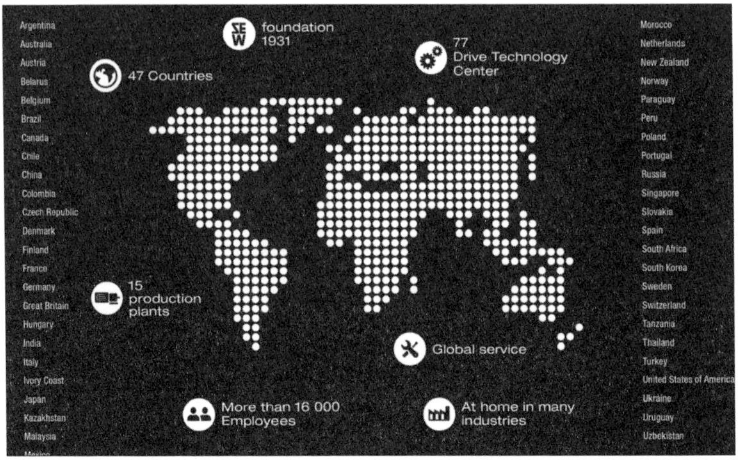

자료: SEW-EURODRIVE Homepage.

트워크를 구축하고 있다(〈그림 5-1〉 참조). S사는 기본적으로 주요 제품의 생산 공장을 독일 현지에 놓고, 해외에는 조립공장을 설치하여 소비자에게 가급적 빠르게 제품을 전달하는 방식을 핵심 전략으로 설정하고 있다.

S사는 다른 제조업체와 마찬가지로 1970년대에는 전형적인 컨베이어 벨트 생산방식을 유지하다가 1980년대에 CIM(Comupter Integrated Manufacturing)에 기초한 자동화 생산방식을 적극 도입하였다. 그러나 사람을 배제하는 생산방식이 그다지 효율적이지 못하였다고 자평한다. 1995년 소위 린 생산방식(Lean Production)을 도입하면서 사람의 가치를 극대화하는 경영방식을 적극 도입하였고, 1998년 생산 공정을 잘게 쪼개는 소공장 단위(small factory unit)를 도입하였다. 이러한 생산방식의 전환은 오

늘날 S사가 산업 4.0 프로젝트를 적극적으로 도입하고 작업장혁신을 추구하는 데 중요한 토대를 제공하였다. 기본적으로 S사는 자동화를 전면에 내세운 CIM 방식을 실패로 규정한다. 반면에 S사는 린공장(lean factory) 개념을 소공장(small factory: 공장 내의 작은 생산 유니트)으로 재해석해내면서 급격한 생산 혁신을 이루어냈고, 이 과정에서 노동력의 중요성을 강조하고 있다. 수요자의 주문에 따라 요구되는 생산제품이 점점 더 복잡해지면서 그러한 제품의 생산에 자동화는 한계가 있으므로, S사는 오히려 이와 같이 정교하고 복잡한 제품의 제작과정이 사람의 손을 거치는 것이 더 효율적이라고 인식했다. 실제로 Bruchsal의 공장에서 1980년대 초반 하루 1,000개 정도의 제품을 생산했다면 현재는 대략 2,800개 제품을 생산하고 있다. 기본적으로 S사의 혁신은 기술과 사람의 결합에 기초한다. 이러한 인식은 '노동의 디지털화'를 강조하는 산업 4.0 혁신에도 그대로 적용되고 있다.

S사는 산업 4.0을 공장 4.0(Factory 4.0)의 형태로 실현하기 위해 몇 가지 개념적 정의를 내리고 이를 통해 지속가능한 생산 혁신을 이루어내고자 한다. 일반 공장과는 달리 S사는 혁신을 위한 명확한 계획과 개념을 정의하고 있다. 다음은 S사가 추구하는 혁신의 주요 개념과 이를 토대로 구축한 모듈생산방식, 그리고 산업 4.0 개념 속에서 노동자의 역할을 소개하고자 한다.

2. 산업 4.0에 기초한 S사의 일터 혁신 방향[2)]

1) 산업 4.0에 대한 이해와 일터 혁신의 목표: 스마트 생산과 새로운 비즈니스 모델

앞서 보았듯 과거의 산업혁명이 공통적으로 지니고 있는 특성은 모든 산업혁명이 생산과정의 변화에 초점을 맞추고 있다는 점이다. 높은 생산성, 유연성 증대, 가치창출의 최적화는 항상 새로운 혁명을 규정해 왔다. 1차 산업혁명은 근육노동으로부터 수력 · 증기기관 형태의 물리적으로 생산된 힘을 사용하는 단계로 이행하였으며, 2차 산업혁명은 전기에너지의 도움으로 대량생산을 시작하였다. 3차 산업혁명은 컴퓨터에 기반을 둔 자동화의 시대로 1970년대 이후 생산성과 유연성 증대에 커다란 기여를 하였다. 4차 산업혁명은 조립, 보전, 수리는 물론 마케팅과 폐기물처리까지 디지털로 네트워크화된 생산시스템의 새로운 가능성을 열고 있다. 생산을 전체 시스템으로 통합해내기 위해서 디지털 정보는 매우 중요하며 하위 생산 시스템은 그러한 정보에 기초하여 분산적이고 독립적인 결정을 내린다.

오늘날 셀 수 없이 많은 데이터가 누적되고 있다. 글로벌 경쟁은 향후 데이터 룸(data room)에서 결정될 가능성이 점차 높아지고 있다. 공장에서도 스마트한 분석 프로그램의 도움으로 기술과정을 보다 효율적이고, 더 안전하게 형성할 수 있는 방식이 가능해졌다. 예측분석(predictive

2) 이 장의 주요 내용은 임운택(2017)에 기초하여 작성되었다.

Analytics)은 마법사들이 예언을 위해 유리공을 들여다보는 것과는 질적으로 다르다. S사는 정보화된 지식을 노동자들이 적극적으로 활용할 수 있도록 산업 4.0 프로젝트를 현실화하고자 한다. 보다 구체적으로 데이터에 기초한 지식과 생산 현장의 결합과정에서 기계와 설비에 대한 통제 및 점검을 포함하는 '예측보전'(predictive maintenance)은 S사 혁신의 매우 중요한 목표이다.

대부분의 사람은 산업 4.0, 통합 산업(integrated industry), M2M(machine to machine)-통신 혹은 디지털 공장(digitale Fabrik)과 같은 유행어를 접하면서 4차 산업혁명이 초래한 급진적인 변화를 떠올린다. 전반적으로 S사는 이러한 변화를 주저하지 않고 적극적으로 받아들인다. 생산의 디지털화와 스마트화(Smartization)는 S사가 추구하는 산업 4.0 혁신의 핵심동력이다. 지금까지의 산업생산이 중앙의 위계적 통제에 의해 실행되었다면, 사물인터넷(IoT) 시대에 기계, 생산현장, 공작물(workpiece)은 보다 지능적으로 결합되어 활용될 수 있게 되었다. 다시 말해서 이들은 스스로 조직화가 가능해졌다. '스마트화'란 전통적 방식의 물질 생산을 가장 근대적인 정보기술과 융합시키는 트렌드를 의미한다. 사물이 지능화되고 디지털화되면서 M2M-통신과 네트워크, 자율적이고 분산적 통제기제, 빅데이터의 지능적 활용, 시설 모니터링과 같은 추가적 서비스 활동의 가능성이 열리게 되는데, 이는 가치창출이 소프트웨어-엔지니어링 방향으로 이전하고 있다는 것을 의미한다. 그로부터 기계의 디지털화에 이어 'IP화'가 필연적으로 발생하고 있다. 이로 인해 오늘날 과거에 존재했던 메카닉스, 전자공학, 소프트웨어 간의 분리는 더 이상 존재하지 않으며,

바로 이러한 이유에서 S사는 스마트 공장에서 생산의 디지털화와 스마트화를 산업 4.0의 핵심동력으로 간주한다.

한편, 산업 4.0 구축과정에서 네트워크는 전체 공정과정의 포괄적 탈집중화를 가능하게 한다. 생산과 관련된 개별 요소들에 큰 자율성이 부여되면서 단지 경제성만 증가하는 것이 아니라, '단 하나의 유일제품'(Losgröße eins=one offs)을 생산하면서도 스케일효과(scale effect)를 추구하는 것이 가능해진다. 이 모든 것은 소비자의 특수한 니즈에 초점을 맞춘 것이다. '단 하나의 유일제품'을 생산하는 것이 기술적으로 가능하게 하기 위해서 S사는 생산 측면에서 모듈시스템을 추구한다. 기초적인 하드웨어를 조립한 후 구매자에 특화된 최종적인 완성과정이 진행된다. 이는 공정시간 단축에 따른 결과이며, 이제 소비자의 특수한 니즈를 충족시키기 위해 추가적인 주문을 받는 단계는 필요치 않게 되었다. 산업 4.0이 마케팅 4.0을 가능하게 하는 것이다. 이로써 완벽하게 개별화된 제품과 서비스는 더 이상 유토피아가 아닌 현실이 되었다. 이미 스마트폰에서 성공적으로 자리잡았듯 소비자 스스로 제품의 개인화를 원하고 있다. S사는 실제로 앱 플랫폼을 소비자에게 제공하고, 제품의 개별화에 영향을 미침으로써 추가적으로 제품의 부가가치를 높이고 있다.

이러한 변화에도 불구하고 모든 사람들이 이야기하고 있듯 통합 산업으로의 변화가 그렇게 급진적인 것만은 아니다. 산업 4.0을 위한 기술은 이미 진행된 생산설비의 자동화에 상당 부분 존재한다. 실제로 S사는 지난 1980년대 이후 CIM이나 린 생산방식(Lean Production)을 도입하여 생산의 효율성, 단순화, 장애제거 등을 목표로 공정과정을 축소하고 지속적으로 변화시켰다.

S사는 공정 프로세스를 인지하고 스스로 학습하며 현재의 생산시스템으로 통합될 수 있는 복잡적응계(complex adaptive system)와 로지스틱 활용 영역에 있는 보조시스템과 같은 지능적 자동화 기제를 중심으로 린 경영방식과 생산과정을 보완하고자 한다. 조립 세트(construction kit)와 유사한 생산 포르토폴리오 박스를 설치하여 S사는 스마트 공장으로의 전환을 추구하고 있다. 구동 및 제어기술(drive and control technology), 자동화기술, 위치추정(navigation and localization), 전력 공급과 저장, 가상화(visualization), 목표지향적인 매개화, 객체지향 프로그래밍(object-oriented programming: OOP), 시뮬레이션 등은 작업방식에서 복합적 공정의 수행을 가능하게 한다.

산업 4.0 중심의 일터혁신에서 제기된 또 하나 중요한 핵심과제는 전통적인 데이터처리 구조를 새롭게 정의하는 것이다. S사는 가치창출 사슬에 관련된 모든 참여자들에게 향후 필요한 모든 자료에 대해 접근을 가능케 한다. 이는 생산개발에서 시작해서 소비자까지를 포함하는 것으로 투입요소의 상태와 최종 제작단계까지 전 과정이 실시간으로 조회될 수 있도록 하는 것을 의미한다. 산업 4.0 프레임 속에서 추구된 디지털 네트워크에 힘입어 S사는 전체 공장을 가상적으로 구축하고, 운용할 수 있게 되었다. 향후 설비와 자재는 전체 제품 라이프사이클에 걸쳐 실시간으로 모니터링되며, 전력공급이 적시에 공급되며 필요할 때 최적화될 수 있다.

지금까지 기계 제작이 철저하게 기계기술의 발전에 따라 제한되었다면, 산업 4.0 시대에 이러한 상황은 달라지고 있다. 현재의 혁신은 주로 소프트웨어를 통해 추진되고 있다. 여기서 서비스 제공과 같은 추가적 옵션들이 발생한다. S사는 바로 이러한 서비스를 개발하고 제공하는 데 주력하며, 그로부터 또한 새로운 비즈니즈 모델을 개발하고 있다. 공정과정의 디지털화는 고전적 생산 부문의 경계를 흐릿하게 하였으며, 보다 파괴적 산업(disruptive industry)이 등장할 수 있게 하였다. S사는 이러한 시도를 통해 경쟁력과 가치사슬의 최적화를 추구하고 있다.

2) 빅데이터와 가상물리시스템(CPS)의 활용

(1) 빅데이터: 기계 생산자에서 소프트웨어 생산자로의 변신

다수의 기업에 빅데이터라는 주제는 모호하기 그지없다. 해킹과 정보남용의 리스크가 크기 때문이다. 가장 큰 위험은 빅데이터에 대한 분석적 평가와 결부된 경제적 기회가 다른 기업에 넘어갈 위험이 분명하게 존재한다는 것이다. 그러나 정보의 경쟁적 열위(competitive disadvantage)는 비즈니스를 악화시킬 수도 있으며, 최악의 경우 기업은 직접 연결된 고객이나 가치사슬 내에서의 중요한 행위자를 잃어버릴 수 있다.

그럼에도 정형화된(structured) 데이터 혹은 비정형화된(unstructured) 데이터, 내부(internal) 데이터와 외부(external) 데이터 간의 구분을 사라지게 할 만큼 정보의 디지털화는 빠르게 진척되고 있다. 엄청난 데이터 양을 의도적으로 분석하면서 지금까지 알려지지 않은 정보 유형과 데이터 간의 연관을 밝혀낸다. 이러한 토대 위에서 기업은 효율적으로 생산할 뿐만 아니라 엄밀한 분석에 기초하여 빠른 결정을 내린다.

빅데이터 분석에서 얻을 수 있는 기회와 가능성은 매우 다양한데, S사는 우선 기계고장을 줄이고 생산성을 높이기 위한 기계정비에 대한 예측에 빅데이터를 활용한다. 시기별 매출전망은 향후 몇 주 동안 특정 제품의 판매 예상치에 대한 답을 제시해준다. 실시간 분석은 품질 및 손실관리에서나 공급계약의 우선순위를 정하고, 적절한 의사결정을 내릴 수 있게 도와준다. 그에 근거하여 기업은 고객에게 보다 특별한 상담을 제공할 수 있으며, 맞춤형 제품을 제안할 수 있다. 데이터는 생산비용을 체계적이고 엄밀하게 검토하고, 리스크를 낮추며 비즈니스 과정을 최적화하며 새로운 시장 잠재력을 발굴하는 데 도움을 준다.

그러나 여전히 데이터 해석의 문제가 남는다. 데이터로부터 기업에 가치 있는 정보를 획득하기 위해서 데이터는 실시간으로 처리되어야 하며, 올바르게 해석되어야만 한다. 데이터는 그 자체로 저평가될 수 없는 위험의 원천이다. 왜냐하면 좋은 결정과 올바른 전망은 데이터가 충분하게 제시되고 그 데이터의 우수성이 보장될 때만 성공적이기 때문이다. 나아가서 엄청난 정보의 흐름 속에서 적절한 데이터를 추출하고 가공ㆍ해석할 수 있는 방대한 데이터의 양, 종류, 속도로 기업은 금방 과부하가 걸리곤 한다. 따라서 데이터를 가공하고 활용하는 적절한 전략이 요구된다.

산업 4.0이 현실화되고 그 안에서 공장 4.0이 구축되면서 기업은 보다 근본적인 구조변화에 놓여 있다. 스마트 공장으로의 전환 과정에서 S사의 경영진은 미래의 생산과 로지스틱을 위한 새로운 기술을 빅데이터에 근거하여 분석하고 이를 일관되게 유지하기 위해 일련의 혁신적 소프트웨어를 개발하고 있다. 고장을 미리 예견할 수 있는 예측보전(predictive Maintenance) 분야에서는 이미 중요한 진전이 이루어지고 있으며, 개별 고객 맞춤형 구동장치나 자동화장치의 맞춤구성(customized configuration) 또한 가능하다. 나아가서 S사는 생산과정의 최적화를 겨냥한 인터넷에 기반을 둔 서비스 활동과 앱을 추가적으로 개발하고 있다. 일례로 고객이 제품 구매 시 새로운 로지스틱 시스템을 선택할지 혹은 조립공장 내에서 제공된 서비스를 이용(구매)할지 선택을 하면 이를 곧바로 새로운 원가배분시스템(cost allocation system)에 반영할 수 있도록 한다. 기계제작 비중 대비 소프트웨어 개발 비중이 늘어나면서 S사는 점차 소프트웨어 개발자가 되고 있다. 지식은 21세기의 가장 중요한 원천이다. 이는 새로운 서비스 활동을 추가하여 혁신적 제품을 시장화하려는 전략에서도 마찬가지이다.

(2) 가상물리시스템(CPS): 기업 혁신의 새로운 핵심역량

네트워크화된 가상물리시스템(CPS)은 산업 4.0 공장의 핵심이다. 기계 및 전기 부품을 보다 더 정교하게 소프트웨어 기술적 요소와 결합시킨 CPS는 과거의 경직된 생산과정을 극복하는 데 도움을 준다. 기존의 데이터는 물론이려니와 새롭게 생성된 데이터를 끊임없이 평가하고 데이터 마이닝 단계에 숨겨져 있는 알고리즘을 밝혀냄으로써 기업에 필요한 새로운 핵심요소를 생성한다. 이러한 과정은 제품과 생산과정의 혁신 및 최적화를 이끌어내기 위한 지속적인 노력의 일환이라고 할 수 있다.

한편, 미래의 기업은 '차별화된 판매제안'(Unique Selling Proposition: USP)을 지닌 혁신 제품을 소유하는 것만으로는 충분하지 않다. 가치창출을 보장하는 것은 창의성에 의해 파괴되며 혁신은 기존의 제품에 대한 창조적 파괴에 의해 고갈된다. 그러한 차원에서 S사의 산업 4.0의 공장에서는 기업, 고객, 노동자, 사회를 위한 부가가치가 생성될 수 있도록 제품과 공정과정의 결합을 추구한다.

앞서 강조했듯 산업 4.0 내에서 공정의 최적화는 기본적으로 데이터 분석에 기초한다. 데이터 마이닝을 통해 숨겨져 있는 알고리즘을 밝혀냄으로써 최적화 잠재력을 이끌어낸다. 제품 개발단계에서 미세제어 시스템(micro control system)을 적용하면 다양한 행위 영역을 정의하고, 데이터를 포착하고 해석해낼 수 있는 기회가 발생한다.

새로운 제품 4.0의 개발 또한 S사는 정교하게 구축된 전문가 시스템에 기초하여 수집된 데이터의 평가에 기초한다. 데이터 평가는 공정과정의 효과와 기계적 취약점에 대한 세분화된 정보를 제공한다. 데이터 모델은 이미 제품 개발의 초기단계에서 적용되며, 공정과정, 행위자, 소비자 반응에 대한 지속적인 시뮬레이션을 통해 제품에 대한 안정성을 확보한다.

S사는 제품 최적화 단계에서 예측보전을 매우 중요하게 생각하기 때문에 알고리즘에 의해 구축된 데이터를 분석평가하고 조기에 오류를 인지할 수 있는 전문가 시스템을 적극 활용한다. 나아가서 S사는 광범위한 지식에 기반을 두고 자동화기술에 의한 제품개발과 고객에게 전달되는 과정을 중시한다. 간략하게 말해서 S사는 제품개발과 공정과정의 지속적인 균형을 강조하면서도 그 안에서 지속적인 혁신과 창조적 파괴의 동력을 만들어가려고 한다.

3. 공장 4.0에서 일터 혁신의 과제: 기술과 사람의 결합

S사는 앞서 보았던 산업 4.0 개념에 기초하여 기존의 생산 공정을 바꾸어 나가는 동시에 미래형 생산 및 조립공장을 모듈방식으로 본사가 있는 그라벤 노이도르프(Graben-Neudorf) 공장에 구축하고 있는 중이다. 소위 '공장 4.0'(factory 4.0)으로 명명될 수 있는 이 공장은 기존의 생산 및 로지스틱 공정의 진화의 결과로 개발되고 있다. S사는 이 공장에서 조립, 생산, 로지스틱, 판매를 유기적으로 연계시키기 위해 공정 간에 오직 한 개의 물건만 존재하는 '한 개 흐름생산'(One-Piece-flow)과 작은 스마트 공장 유니트라는 가치창출원칙을 적용하였다. 궁극적으로는 소위 '린 스마트 팩토리'(lean smart factory)를 추구하는 S사의 조립 및 생산공장은 〈그림 5-2〉, 〈그림 5-3〉과 같다. 이 공장들은 현재 일종의 전시공장(showcase factory)으로 개발되었고, 그 성과는 기존의 공정과정에 적용

그림 5-2 스마트 공장-조립라인

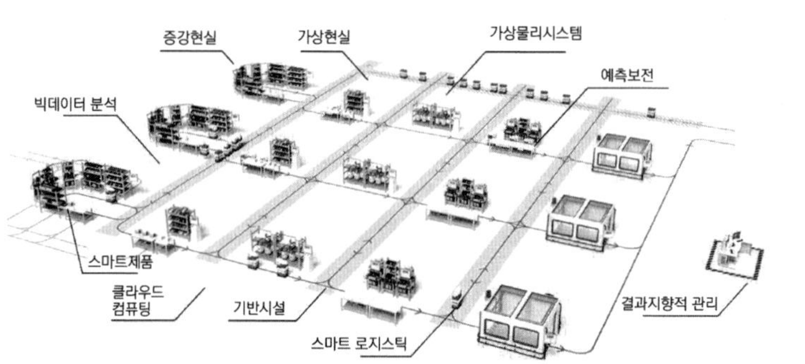

자료: SEW-EURODRIVE.

그림 5-3 스마트 공장-생산라인

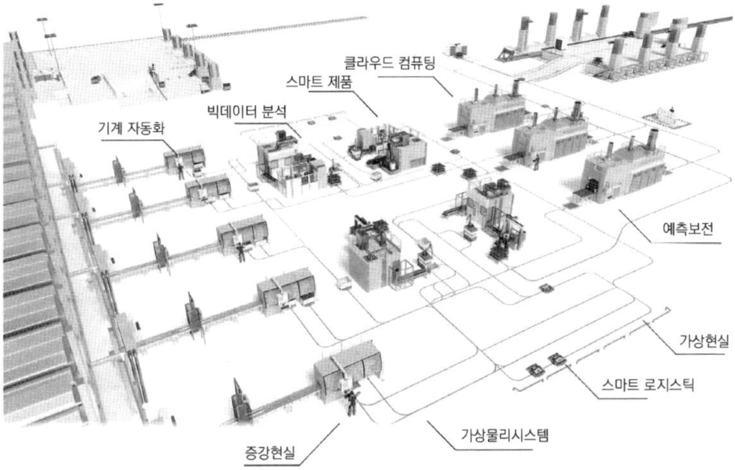

자료: SEW-EURODRIVE.

되고 있다.

기본적으로 산업 4.0 개념에 기초한 공장 4.0의 완벽한 모습은 소비자가 희망하는 유일제품(on offs)을 생산하기 위해 네트워크화되고, 모듈화된 효율적 생산을 구현하는 것이다. 이때 S사는 전체 가치창출 사슬(제작, 조립, 공급)에 있는 사람과 기술의 공생을 성공의 핵심 요인으로 간주한다. 그렇다면 S사가 추구하는 일터 혁신의 요체인 기술과 사람의 결합이 공장 4.0에서 어떻게 구현될 것인지 살펴보도록 하겠다.

산업 4.0 개념에서 공정, 네트워크, 통제, 노동자의 역할은 다양하게 논의되어 왔듯, S사 또한 산업 4.0 개념에 따라 각각의 역할을 나름대로 정의하고 있다. S사는 자동화로부터 산업 4.0으로의 길을 일종의 진화적 과정으로 평가한다. 실제로 스스로 부정적으로 평가한 CIM의 자동화 공정과 린 생산방식에 기반을 둔 기초 기술은 전시 공장에서 새로운 생산체계를 구축하는 데 중요한 토대를 제공한다. 동시에 S사는 설비와 공정의 '예측보전'에 주목하면서 자동화의 의해 생산된 제품을 네트워크화하기 위해 추가적으로 새로운 비즈니스 모델과 결제모델(invoicing model)의 결합을 필요로 한다. 이러한 원칙에 근거하여 S사는 오늘날 지능적인 미래의 스마트 공장을 구축하고 있다.

1) 모듈방식의 공정 혁신

S사는 공장 4.0으로 전환하는 초기단계에서 미래에 대한 도전과제를 설정하였는데, 핵심과제는 "산업 4.0을 위한 제조기술과 제품은 무엇이어야만 하는가"였다. S사는 그 대답을 새로운 모바일 지원 시스템(mobile assistance system)에서 찾았고, 그 과정에서 새로운 기술들이 현실화되었다. 그 결과 S사는 오늘날 하이브리드 에너지 저장 시스템과 자동화 제어장치를 보유하고 있다. 자동화 제어장치는 자동화를 더 유연하게 하고, 공정과정의 모니터링을 담당한다. 한편, 새로운 비즈니스 모델과 그에 근거한 서비스 활동은 제품의 성공적 안착에 기여하고 있다. 혁신적 기술에 기초한 기술 조립세트는 스마트 공장의 네트워크화된 제품 생산(일종의 맞춤형 다품종 소량생산)을 가능하게 한다.

S사가 개발한 응용 소프트웨어는 오늘날 단시간 내에 고객지향적 해결을 가능하게 한다. 공장 4.0에서 일하는 사람들을 지원하는 지능형 서페이스(intelligent surfaces)는 전반적인 프로그램화보다는 요소 간의 파라미터화를 통해 복잡한 공정을 표현하고 지배한다. 가상 세계에서의 시

뮬레이션은 실질적인 변화와 혁신을 위한 안전성을 제공한다.

기본적으로 S사는 미래의 공장을 모듈 방식으로 구축하고 있다. 이러한 공장은 시장의 변화된 요구에 유연하게 적응할 수 있는 장점이 있다. 공장은 분할되고, 린 방식으로 최적화되고 있다. 공장 내에 작은 공장단위(small factory unit)가 여러 개 구축되는 새로운 변화가 시도되었다. 공장은 산업 4.0의 조직적 단위로, 여기서 노동자, 기계, 정보의 흐름과 공정과정은 네트워크화된다. 이때 S사는 인간과 기술의 협력에 의한 생산성 향상을 목표로 한다. S사의 미래형 공장은 통합된 마이크로 시스템과 RFID(Radio Frequency Identification) 칩으로 장착된 CPS에 의해서 작동되는 스마트 공장으로, 플러그 앤드 플레이(plug-and-play: 자동시작)를 해결하게 하는 가장 근대적 정보기술에 기반을 두고 있다.

공장 4.0에는 CPS의 지원에 따라 개별 공정모듈이 연결되어 있는데, 이는 노동자들의 성과를 높이는 데 도움을 준다. 모바일 지원 시스템이 조립라인에 적시에(just in time: JIT) 부품을 제공한다. 조립라인은 사이버 가상 조립시스템으로 모바일 지원 시스템에 의해 작동된다. 이러한 조립 지원시스템은 고객 맞춤형 생산을 보장하기 위해 공장 내에서 공정마다 다음 프로세스 모듈로 안내하는 길을 찾아준다. 이어서 로지스틱 캡슐 형태의 지능형 받침대는 완성된 제품을 지정된 시간에 물품 수령 장소와 이동 장소로 전달해준다. 이러한 로지스틱 캡슐 형태의 가상물리시스템은 자신이 어떤 제품을 실어 나르고 트럭에 탑재하고 다른 생산공장으로 전달하는지를 알고 있다.

2) 사람과 기술의 지능적 결합

S사의 공장 4.0은 인간과 기술의 지능적 결합을 추구한다. 이에 따르면 공장은 가치창출을 지휘하는 사람에 의해서 운영되며, 숙련된 노동자들이 미래의 작은 공장 단위를 운영한다. 이처럼 자기 통제적이고, 스스로 학습할 수 있는 개념 위에서 설정된 공장 4.0은 거대한 변화와 적응능력을 갖춘 미래의 작업장이다. S사는 인간과 기술의 공동협력 속에서 노동자의 능력과 지식이 안정적이고 고장이 없는 생산시스템을 만들어낼 수 있다고 확신한다.

노동의 디지털화에는 많은 것들이 함축되어 있다. 디지털화는 종종 공장 노동과 노동자의 개인적 발전에 매우 부정적인 결과를 초래할 것으로 예측한다. 그렇다면 산업 4.0 프로젝트 아래서 디지털화된 공장의 모든 노동자들이 자동조정장치(Autopilot)로 대체될까? 나아가서 인지적 공정과정도 점점 더 자동화로 대체될 것인가? 이제 스마트 공장에서 노동에 대한 미련이 남아 있기는 할 것인가? 산업 4.0의 틀 안에서의 디지털화는 모든 사업 영역까지 확장된 것이 사실이다. 그렇다고 사람의 노동이 결코 사라지지는 않을 것이다. 실질적인 데이터 교환과 네트워크화된 생산을 실행하기 위해 상이한 원칙을 결합시키고, 공정을 감시하며, 가치창출을 지휘하는 주체는 사람이기 때문이다.

실제로 산업 4,0으로의 변화과정에서 기존의 질서가 혼란스러워지고, 기존의 모든 공정과정에서 사람의 능력이 시험에 들게 되었다. 그러나 S사는 변화의 과정을 도전으로 간주하는 직원만 혁신과정에서 살아남을 수 있다고 판단한다. 따라서 공장 4.0에서 일하는 노동자들은 새로운 역할을 찾아야만 한다. 전통적인 제작공정이 자동화될 수 있는 스마트 공장에서 노동자들에게 새로운 직업 프로필을 요구하는데, 대체로 물리적으로 요구되는 활동보다 정신적으로 창의적인 활동을 더 요구한다. 유연성, 미디어 능력, 통섭적 사고, 자주적 조직이 보다 더 중요해지고 있다.

따라서 지금까지 고도로 숙련화된 기계조작원과 같은 생산노동자는 디지털 인터페이스 사이에 있는 유연한 조작원 4.0으로 그 역할이 바뀌게 된다. 실제로 S사에서 이러한 새로운 유형의 노동자는 때로는 조립도 하고, 때로는 공정을 조직하고, 필요할 경우에는 소비자와 소통도 해야 한다. 이제 기계는 더 이상 그에게 단순한 공구가 아니라 공정을 네트워크화하고, 업무를 준비하고 지시하는 동등한 파트너가 되고 있다. 이를 억압으로 느끼기보다는 많은 사람들이 스마트 공장에서 다기능적 유연성을 발휘하고 가치창출의 규모적 효과로부터 이익(성과급)을 취할 수 있는 기회로 여기고 있다.

사람과 기술의 지능적 협력에 기초하여 구축된 디지털 공정 네트워크 속에서 가치창출의 새로운 축이 탄생한다. 디지털 언어를 자유롭게 사용하는 디지털 원어민(digital Natives) 세대가 이미 여러 영역에서 발견되는 반면, 전통적인 숙련 노동자들은 새로운 도전에 직면하고 있다. 노동의 디지털화가 대세가 되었듯 가까운 미래에 가치창출의 중요한 부분이 가상공간 내에서 발생할 것이다. IT 프로세스에 대한 이러한 인식은 노동 4.0에 필수적이다.

작업공정을 혁명적으로 바꾸고 새로운 임무를 부여하는 과정은 개방을 전제로 한다. S사는 그라벤 노이도르프에 있는 공장 내에 산업 4.0에 조응하는 6개의 작은 조립 섬(Montageinseln)을 세웠다. 이때 공장에 투입된 CPS와 사람과의 협력은 유연성을 한 단계 더 높이는 데 기여하였다. 사람과 기계의 상호작용은 노동자의 업무 부담을 줄여주었다. 노동자들은 언제나 의사결정자이자 문제해결자이며, 동시에 혁신가로 기능한다. 그의 과업은 점점 더 다양해지고 거대한 도전에 직면하고 있다. S사에서 공장과 투입된 사람의 활용은 최대 3시간 내에 기획된다. 6개의 작은 공장에서 병목현상이 발생하면 노동자와 CPS가 바로 반응해야만 하는데, 이는 단순히 제품의 조립을 지배하고 유연하게 반응하는 것 이상을 요구한다.

이러한 이유로 S사는 사람을 디지털화된 공장의 핵심으로 간주한다. 사람은 개별 조립공정의 행위자로 가치창출의 지휘자이며 다음과 같은 과제를 수행한다.

- 분산적, 결과지향적 생산 통제
- 생산 시퀀스의 정교한 계획
- 유연하고 결과지향적인 자원 투입의 확보
- 생산과 고객지향적 협력
- 성과의 투명성과 결과의 투명성을 실시간으로 제공
- 기업의 의사결정 집행
- 수동적이 아닌 능동적 행동

결론적으로 CPS와 사물인터넷을 활용한 S사의 스마트 공장은 'ICT 기술과 숙련노동의 결합'으로 요약된다. S사의 경영진은 인공지능과 자동화에 대한 맹신보다는 '인간 중심의 자동화'에 초점을 맞추고 있다. 사물인터넷의 발전이 소비자의 다양한 욕구에 맞춰 개별화된 상품 수요를 촉진하는데, 그러한 다양한 수요를 실현하기 위해서 S사는 모듈 중심의 생산이 필수적이고 이때 숙련노동과 기술의 결합이 관건이라고 판단한다. 린 생산방식의 최적화라고도 볼 수 있는 이러한 생산방식은 단순히 생산 영역에 제한되지 않고, 수요 예측과 생산공정, 판매 및 서비스 제공까지를 하나의 흐름으로 파악하는 새로운 비즈니스 모델과 연동되어 발전되고 있다. 그 결과 S사는 1980년대 초반 하루 1,000개 정도에 머물렀던 제품 생산량을 현재 2,800개까지 끌어올리는 성과를 만들어냈다.

노동의 디지털화로 노동자의 숙련 수준은 자동화에도 불구하고 이전보다 훨씬 중요해져서 신규 채용자에 대한 숙련은 과거 2년 정도에서 3~4년 수준으로 연장되고 있으며(대부분 OJT 방식으로 진행), 전문대 이상의 대졸자에 대한 향상 훈련도 최근 2년 이상으로 강화되고 있다.

VI. 노동의 디지털화 독일 중소기업 혁신사례 2

Ⅵ. 노동의 디지털화 독일 중소기업 혁신사례 2[1)]

1. 노동의 디지털화에 따른 중소기업의 혁신전략

산업 4.0개념에 따른 생산 및 작업조직 전환의 도도한 흐름 속에서 독일의 노동집약적 혹은 '비(非)R&D 집약적' 기업은 현재 난감한 위치에 놓여있다. 이러한 기업에도 경쟁력 개선을 위한 혁신은 중요한 의미를 지니지만, 비R&D 집약적 기업은 대부분 중소기업이고 이러한 기업은 기술 수용 능력, 투자 가능성, 생산시스템 형성 능력에 있어서 한계를 지닌다. 그뿐만 아니라 중소기업은 기술적 한계로 인해 공정혁신과 관련된 특수한 장벽과도 마주한다.

이러한 이유로 독일에서조차 비R&D 집약적 기업에서는 4차 산업혁명과 관련하여 개발된 기술이 거의 발견되지 않는다. 그렇지만 전반적인 생산방식의 변화 속에서 중소기업이 CPPS를 도입하고, 특히 새로운 기술을 경제적 측면에서 뿐만 아니라 고용 친화적으로 도입하는 것은 매우 중요하다.

그러한 점에서 작업과정에서 사람과 기술의 협업을 전면에 내세우

---

1) 2절과 3절의 주요 내용은 2018년 6월 3일 톱스타 사 방문에서 이루어진 면담과 6월 4일 톱스타와 Steps프로젝트를 수행한 도르트문트대학 연구팀과의 면담에 기초하여 작성되었음을 밝혀둔다. 사진과 자료는 현장방문을 통해 직접 획득한 것이며 사용허가를 받았음을 밝혀둔다. 기타 주요 내용은 Beckert · Leiß(2018)과 Stein · Recaj(2018)에 기초하고 있음을 밝혀둔다.

고(cf. Trist and Bamforth, 1951), 사람-기술-조직(Menschen-Technik-Organization: M-T-O: Strohm and Ulrich, 1987)을 강조하는 사회적 기술체계(Socio-Technical System) 이론은 중요한 의미를 지닌다. 단기적 생산성 향상의 목표 아래 기술 혁신이 전면에 내세우는 반면, 작업장 영역에서 사람과 조직의 요인은 종종 뒤로 밀려나곤 한다. 사회적 기술체계의 관점에서 기업의 전체 시스템은 분리된 것이 아니라 상호 영향을 주고받는 기술적, 조직적, 개인적 부분 시스템(하위 시스템)으로 파악된다. 산업 4.0의 배경에서 신기술과 그로 인해 발생하는 생산시스템의 인사 및 조직변화에 주목할 필요가 있다.

다음은 전형적인 비R&D 집약적 기업으로 대변되는 중소기업이었으나 최근 정부와 산학 협력의 도움으로 4차 산업혁명(즉, 산업 4.0) 전환을 성공적으로 이루어내고 있는 독일의 가구업체 톱스타의 사례를 분석하고 국내 중소업계의 일터혁신에 주는 시사점을 이끌어내고자 한다.

2. 독일 중소기업의 산업 4.0 – 가구업체 Topstar의 스마트 무인운송시스템(FTS)에 기초한 지능생산 도입[2)]

1) 기업전략과 신기술 적용의 동기 부여

유한책임회사 톱스타(Topstar GmbH)는 다양한 용도의 의자를 제작하

2) 이 장의 주요 내용은 임운택(2018b)에 기초하여 작성되었다.

는 독일에서 가장 큰 의자 제작업체로, 이 회사의 제품은 일반가정은 물론 산업현장, 호텔, 심지어 푸드코트 등에 이르기까지 다양한 용도로 제작된다. 현재 기업 내에서 디자인, 개발, 제작, 판매까지 총괄하고 있다. 네 개의 생산라인에서 하루 만 개의 다양한 의자를 생산하고 있는데, 제품의 종류는 어린이, 학생용 의자부터 사무전문의자, 호텔, 레스토랑, 공공기관의 고품질 의자까지 매우 다양하다. 현재 대략 450명의 종업원이 일하고 있으며, 연간 매출액은 1억 유로(1천 3백억 원)에 달한다.

톱스타는 1949년에 바그너 집안이 설립한 가족기업으로 독일 남부 도시 아우구스부르크 외곽의 랑엔노이프나하(Langenneufnach)라는 자그마한 지역에서 현재 3대째 경영을 이어오고 있는 전형적인 독일식 중견기업에 해당한다. 저가의 의자를 대량으로 생산하던 기존의 바그너사에서 1976년에 톱스타 자회사가 분리되었다. 현재 톱스타는 주로 개인이나 반전문적(semiprofessional) 고객을 대상으로 하며, 바그너는 전문적이고 고가의 사양을 주로 취급한다.

톱스타는 두 개의 핵심 목표를 추구한다. 매우 치열한 경쟁환경 속에서 '메이드 인 저머니' 생산기업을 유지하기 위한 첫 번째 과제는 **경쟁을 차별화**하는 것이었다. 그러한 전략의 일환으로 3차원 의자(의자의 상단과 하부의 분리)와 관련된 다수의 특허를 취득하였고, 다수의 공학 테스트에서 의자 시스템의 우수성을 인정받았다. 톱스타는 항상 자신을 의자가구 생산에서 기술선도자로서 이해하여 왔다. 지난 20년 동안 3천만 유로(대략 389억 원) 이상을 새로운 제작 방식의 개발과 실행, 건물, 시설 등에 투자해왔다. 톱스타는 직접적 제품 관련성이 없는 모든 영역을 자동화하였다(일례로 창고로부터 생산라인으로의 물품 공급을 거쳐 배송 파트까지 물품의 내부 흐름을 완전히 자동화함). 반대로 제품의 품질을 결정하는 모든 영역은 지금까지 잘 훈련된 종업원이 담당하고 있다. 따라서 생산현장에는 거대한 봉제용 쿠션, 최종 완제품까지 수동으로 제작되는 고가의 의자 생산라인이 존재한다.

이러한 혁신 제조 전략이 '최신'(up to date)을 유지하기 위해 톱스타는 지난 15년 동안 생산 현장에 새로운 방식을 개발하고 실현하기 위한 과학적 연구프로젝트에 매달려왔다. 현재 진행되고 있는 혁신 전략도 산업 4.0 기술을 중소기업에 도입하는 것을 목표로 스텝스(Stetps: www.steps-projekt.de) 프로젝트에 근거하고 있다. 이 프로젝트는 독일연방교육연구부(Bundesministerium für Bildung und Forschung: BMBF)가 주도하고 기업, 대학, 기술연구소 등이 3년(2016-2018)에 걸쳐 공동으로 추진한 것이다.

두 번째 핵심 목표로 톱스타는 고가 브랜드인 WAGNER는 물론, 톱스타 브랜드에도 점진적인 **'트레이딩 업'(Trading-up) 전략**[3]을 추구하고 있다. 국제적(특히 아시아 지역으로부터) 경쟁을 통해 가격압박이 심해지면서 톱스타 경영진은 랑엔노이프나하에 있는 생산기지를 유지하기 위해 이러한 변화가 필수적이라고 판단하였다. 따라서 신제품 개발은 물론 생산성이 높으면서도 대량 생산을 지향하는 생산 시설의 구축에 주목하고 있다. 그러한 전략적 관점에서 산업 4.0의 가능성을 적극적으로 수용

3) 중산층의 새로운 명품 브랜드 소비성향에 맞춰 제품을 고급화하는 전략.

하고 있다.

2) 파일럿 프로젝트의 목표와 선택

앞서 언급한 핵심 목표 아래 톱스타에서는 기업의 각 부서를 포괄하는 프로젝트 팀(경영, 생산계획, 생산라인 책임자, 기술서비스 책임자 등)을 구축하고, 산업 4.0 기술 도입을 위한 보다 정밀한 목표를 세우기 시작하였다. 핵심 내용은 다음과 같다.

- 인체공학(ergonomics)의 개선(일례로 사람이 움직이는 물량의 무게 감축 혹은 인체공학적으로 최적화된 조립과정)
- 유연성 증대(생산량 증대)
- 합리화 가능성의 현실화(생산성 증대)
- '실질적인' 산업 4.0 기술의 통합(스마트 로보틱스, 스마트 무인운송 시스템)
- 자동제어조립공정
- 사람을 보조하는 수단으로 로봇으로 제어되는 자재 공급(인간-기계 협력)

산업 4.0 기술의 잠재적 투입 영역으로 톱스타가 파일럿 프로젝트를 수행하고 있는 세 개의 생산 영역을 좀 더 구체적으로 살펴보면 다음과 같다.

(1) 재봉작업

주요 작업은 다양한 패브릭 커버, 망커버, 쿠션커버 등을 이음질하는

그림 6-1 사람-기계 협력 사례 1: 재봉작업

것이다. 작업의 준비 단계는 이미 자동화가 진행된 주문형 자재공급으로 이루어진다(컴퓨터로 움직이는 자동화 커터에 의한 소재 가공). 그러나 이미 부분적으로 로봇에 의해 진행되는 이음질은 인간과 기계의 협력 때문에 제한적으로 사용된다(〈그림 6-1〉 참조). 아직은 사람의 노동보다 더 빠르고 유연한 로봇 시스템이 존재하지 않기 때문에 현재 수준에서 기계의 최적화 잠재성은 제한적이다.[4)]

---

4) 이는 물론 톱스타 공장장의 공식적 의견이다. 반대로 Steps 프로젝트를 통해 오랫동안 톱스타를 관찰한 도르트문트대학교 연구팀은 인터뷰 과정에서 사뭇 놀라운 관찰 결과를 알려주었다. 인간과 기계의 협력은 인간적 차원에서 이루어졌다기보다는 로봇에 의한 자동화가 일자리를 위협할 수준으로 발전함에 따라 해고의 위험에 내몰린 노동자(주로 여성노동자)의 생산성이 비약적으로 증가하기 시작했기 때문이라고 한다. 따라서 기업은 당분간 사람의 노동을 사용하는 것이 비용대비 시설투자(로봇)보다 효율성이 높은

(2) 오더 피킹(Order Picking: Kommissionierung) 라인

상품의 부품을 대량으로 취급하는 생산라인 중 오더 피킹 라인의 주요 업무는 주문리스트에 따라 조립부품들을 배달 상자에 분류해서 취합하는 것이다. 이 라인의 수량은 1개부터 대략 1만 개까지로 매우 다양하다. 취합된 물품은 모두 각각의 제작 일자리의 모니터로 전송된다. 작업자 자체검사(품질관리)는 연속된 오더 피킹 장소에서 이루어진다. 여기서 사람-기계 간의 협력이 집중적으로 이루어진다(〈그림 6-2〉 참조). 여기서도 재

그림 6-2 사람-기계 협력 사례 2: 오더 피킹 라인

것으로 판단했다는 것이다. 사람과 기계의 협업이 매우 위험스러운 경계를 넘나들 수 있음을 알 수 있다.

그림 6-3 사람-기계 협력 사례 3: 사람-기계 협력 조립라인

봉작업과 유사한 어려움이 발생하는데, 생산라인에서 현재 작업하는 스마트 로봇의 속도와 하중수용능력이 기업이 원하는 목표에 도달하지는 못하고 있다. 그러한 점에서 톱스타에서 이 생산라인은 일종의 파일럿 프로젝트로 이해된다. 업무의 중요성 때문에 이 주제는 지속적인 개선 과제로 다룰 예정이다.

(3) 조립 라인 WAGNER

바그너 생산라인은 고가의 의자 가구를 완전히 수동방식으로 조립하는 곳이다(머리 받침대나 팔걸이 등의 부착물, 쿠션 등을 의자 몸체에 고정하는 작업까지 포함). 모든 의자는 트레이(Tray: 플라스틱 상자)에 담겨 사전에 오더 피킹되어 있고, 트레이의 운송 이후 해당 조립장소에서 완전하게 조립된다(〈그림 6-3〉 참조). 바그너 조립라인의 도입에 대한 자체 평가에 의하면 산업 4.0 기술의 투입 및 실현 가능성이 확인되었으며, Steps 프로젝트가 추구하는 전반적인 목표를 추구하는 데 이상적인 실험이라고 진단되었다. 향후에도 바그너 조립라인은 당분간 지속적인 파일

럿 프로젝트로 활용될 계획이다.

3) 산업 4.0 파일럿 프로젝트로서 바그너 조립라인

앞서 언급한 바와 같이 Steps 프로젝트 범위 내에서 핵심 목표를 실현하기 위해 생산라인과 현장을 완전히 새롭게 구성할 필요성이 생겨났다. 이런 목적을 위해 생산기지로써 활용할 '빈 창고'가 제공되었다. 그런데도 프로젝트 팀은 많은 시련에 봉착했는데, 왜냐하면 예산 문제로 불과 4개월 안에 조립라인을 구축해야만 했기 때문이다. 기업 입장에서 예산은 가장 중요한 요소이므로, 신기술에 대한 모든 열정에도 불구하고 신규 투자는 합리적 시간(최대 5년 정도)을 고려해야만 한다.

정교한 프로젝트 작업 범위 내에서 다음과 같은 새로운 혁신 프로그램을 확립하였다.

• 조립공간 사이에 운송을 위한 스마트 무인운송시스템(FTS)의 통합

앞서 설명하였듯 지금까지는 의자 조립을 위해 모든 부품을 담은 트레이를 사용했었다. 즉, 각 트롤리(trolley)마다 조립공이 붙어서 그러한 트레이를 꺼내와 조립하는 일자리로 전달하는 방식이었다. 그로 인해 종종 트롤리와 일자리 사이에는 꽤 먼 거리가 존재하고, 다른 한편으로 트레이는 여러 차례에 걸쳐 손으로 날라야 했다. 앞으로 이런 업무는 스마트 FTS가 넘겨받게 될 것이다. 전통적인 시스템과는 달리 새로운 FTS는 완전히 독립적으로 이동하며, 학습 능력이 있으며, 인터넷상으로 소통할 수 있다.

• 사전조립과 최종조립의 분리

지금까지의 작업조직 안에서 의자는 언제나 직원에 의해서 전체적으로 조립되었다. 이는 몇 가지 단점을 지니고 있다. 우선 제품의 다변화로 인해 항상 특수 부품이 공급되어야만 했다. 둘째, 이러한 과정으로 타이밍을 맞추기 어려운 상황이 발생했다. 셋째, 앞서 보았듯 손실시간이 발생한다. '실시간' 최종조립으로부터 사전적 활동(일례로 등받이 프레임, 머리받침대의 나사 조이기, 팔걸이의 사전조립)을 분리함으로써 제작과정은 훨씬 분명하게 구조화되었고, 최상의 의자조립 시간을 확보하게 되었다.

• 모든 일자리에서의 인체공학적 최적화

인체공학에 관한 최신 연구결과에 따라 모든 일자리가 재구성되었다(〈그림 6-4〉). 이로부터 노동자들의 육체적 부담이 완화되고(일례로 단순

그림 6-4 바그너 생산라인의 스마트 FTS

그림 6-5 바그너 생산라인의 새로운 일자리: 인체공학을 고려한 노동의 디지털화

조립을 위한 작업 테이블의 경사조절 가능성), 노동의 디지털화에 따른 새로운 작업 유형이 발생한다.

4) 소결

자동화, 일자리의 사회기술적 형성 혹은 스마트 FTS에 의한 로봇이 안내하는 자재 공급과 같은 산업 4.0 개념에 기반한 솔루션의 구현과 실행은 제조공정에서 현저한 최적화를 이루어냈다. 예상된 예산규모를 20% 초과하기는 하였으나 애초에 기대했던 것보다 더 높은 생산성수익이 기대됨에 따라 톱스타는 5년 내로 투자자본수익률(Return on Investment: ROI)을 기대하고 있다.

한편 산업 4.0 파일럿 프로젝트는 직원들에게도 유의미한 개선을 가져왔다. 생산라인에서 육체적으로 움직여야 하는 무게의 수는 절반 수준으로 감소하였으며, 사전조립과 최종조립으로 분리된 조립 영역은 노동자들의 육체적 부담을 완화시켰다. 일련의 작업과정은 이전보다 명료해졌으며, 공정 안정성이 증가하면서 모든 작업 가이드라인이 분명하게 구조화되었다. 신기술 도입에 대한 초기의 걱정과 유보적 태도는 초기 단계에서 극복되었으며, 의자 가구에 관한 한 독일에서 가장 모던한 생산라인을 갖추었다는 점에서 직원들의 자부심도 보다 커지게 되었다. 이러한 효과는 신기술의 통합을 지속해서 추구하고 기업의 다른 영역에 이전하려는 톱스타의 목표를 강화한다. 바그너 생산라인의 FTS의 경우 단순한 운송 지침을 넘어 미래에는 일자리에서의 사전 조정 기능을 부여하고(일례로 의자 모델별로 토크조정), 조만간 언어제어 기능을 통한 소통을 강화할 예정이다.

3. 산업 4.0 도입에 따른 톱스타의 일터 혁신 방안: 순환 직업훈련의 강화

1) 일터 혁신 도입 이전의 상황

앞서 보았듯 바그너 가족기업에서 1976년 유한회사로 거듭난 톱스타는 이후 빠르게 성장하였고, 현재 종업원 수는 당시 대비 10배 이상 증가하였다. 종업원의 이직은 매우 낮은 편이고 대부분 장기근속하고 있어 종업원의 평균 연령은 높은 편이다. 행정사무와 판매 부서의 종업원 1/4은 30세 미만이고, 종업원의 절반은 30~49세 사이, 종업원의 1/4은 50세 이상이다. 그와는 달리 생산부서는 단지 6%만 30세 이하이고, 생산인력의 절반은 30~49세, 44%는 50세 이상이다. 이는 향후 15년 이내에 퇴직자가 점차 증가하면서 기업 내 생산인력이 거의 절반 정도 줄어든다는 것을 의미한다. 따라서 톱스타에서 생산 인력 관리는 매우 중요한 의미를 지닌다.

톱스타에는 현재 300여 명의 종업원이 생산 현장에서 일하고 있다. 직무의 폭은 대단히 넓어 생산 보조업무는 제외하고서라도 재단과 봉제 작업부터 의자와 쿠션제작, 포장 배송에 이르기까지 다양하다. 이러한 직무의 상당 부분은 비숙련 내지는 반숙련 보조노동자들에 의해 이루어지는데, 이들 상당수는 매우 낮은 수준의 독일어를 구사하는 이주민들이다.

고가의 제품을 생산하려는 변화된 경쟁전략 때문에 외부 공급 업체에서 제작된 중요한 부품을 기업 내부의 제작공정으로 결합하고 그 때문에 제작 절차가 더 복잡해짐에 따라 지난 수년 전부터 노동자들의 숙련수준을 더 끌어올려야 할 필요성이 시급해졌다. 특히 톱스타가 DIN EN ISO 9001(독일 유럽 국제표준화 기구 품질경영시스템)과 DIN EN ISO 14.001 (독일 유럽 국제표준화 기구 환경경영시스템) 인증을 획득하면서 숙련이나 환경에 대한 의식은 더욱 확대되었고, 기업 전반의 활동에 큰 영향을 미치고 있다. 그로 인해 비숙련 보조노동자들이 기업 내부의 점진적인 향상훈련을 통해 궁극적으로 톱스타의 숙련노동자로 성장하고 있고 지속적으로 이를 지원하고 있다.

톱스타는 가족 기업에도 불구하고 선도적이고 세계적인 기업으로 발전하기 위해 고령화로 인해 노동자들의 중요한 경험적 지식이 누락될 위험에 대처해나가는 선구적인 역할을 잘 인지하고 있다. 이는 물론 기업의 경영이나 인력자원 개발에 있어서 중요한 도전이기도 하였다.

2) StraKosphere 프로젝트

톱스타는 앞서 설명한 steps 프로젝트와 함께 종업원의 역량을 강화하기 위한 또 다른 프로젝트 즉, "비R&D 집약적 중소기업의 혁신전략을 강화하기 위한 전략적 역량경영 프로젝트(Strategisches Kompetenzentwicklung in nichtforschungsintensiven kleinen und mittleren Unternehmen des Verarbeitenden Gewerbes: 이하 StraKosphre)"에 적극적으로 참여하고 있다. 'StraKosphre' 프로젝트는 파더본(Paderborn) 대학교, 도르트문트(Dortmund) 대학교, 국책연구소인 시스템과 혁신연구를 위한 프라운호퍼 연구소(Fraunhofer Institut für System-und Innovationsforschung)가 중소기업의 혁신역량을 증진하기 위해 참여기업들과 공동으로 운영하는 프로젝트로 지식경영 시스템에 기반을 두고 기업 내 생산역량을 폭넓게 정착시킴으로써 중요한 경험적 지식을 장기적으로 확보하는 데 그 목적을 두고 있다.

(1) 준비단계

프로젝트 시작 단계에서 톱스타는 미래의 숙련에 대한 전망, 즉 15년 뒤 톱스타의 발전 전망과 그 시기에 어떤 숙련이 어느 장소에 필요할지에 대한 고민에서 출발하였다. 우선 '조립공' 일자리는 당장 그리고 향후 추가적으로 필요로 하는 능력, 기술, 역량이라는 관점에서 분석되었다. 이때 기업의 혁신전략과 경쟁전략으로부터 미래에 요구되는 숙련 수준이 도출된다. 역량은 전문성, 대인관계, 지식 등의 관점에서 분류되었다. 추가로 모든 작업 혹은 적용 가능한 역량 혹은 필수적인 숙달 수준의 빈도가 정의되었다.

디지털 기술 도입에 따라 필수적인 숙련 형성을 위해 요구되는 직원의 숙련 및 역량 수준에 대한 분류화 작업을 통해서 역량집단마다 가지고 있는 구체적인 결함이 파악되었고 그로부터 대책을 마련할 수 있게 되었다. 일례로 퇴직자들의 예정 퇴직 날짜는 다른 종업원에게 지식을 이전하는데 필요한 최대한의 시간이 얼마나 큰지를 조망할 수 있는 중요한 정보로 기록되었다. 나아가 톱스타는 소위 역량관리표(Kompetenzmanagement Tabelle: KMT)를 만들어서 숙련과 관련된 종업원의 모든 정보를 기록하기 시작했다(〈표 6-1〉 참조)

이주노동자들이 늘어나면서 언어 능력도 필수적인 것으로 간주하는데, 일단은 뒷순위로 밀려났다. 톱스타는 장기적으로는 기업의 발전을 위해 유용할 수 있는 다양한 개인의 특성과 취미활동(동의할 때만)마저 파악하고자 노력하고 있다.

역량강화표의 활용은 필요한 조처를 내려야 할 때 분석적 접근을 가능하게 하였다. 우선, 어떤 숙련이 새롭게 필요하고, 기업의 생산역량이 사라질 때 어떤 장소에서는 숙련화가 불필요한지가 분명하게 조망되었다. 나아가서 숙련화에 적응할 수 없을 만큼 직원의 역량 수준이 매우 낮다면 해고도 염두에 두고 있다.

표 6-1 역량관리표

F : 전문성 I : 대인관계 M : 작업방식 K : 지식	목표와 일치 목표 미달성 목표 초과달성(과잉숙련)	빈도 가중치를 준 목표와의 차이					
			F	23.8	23.8	38.1	23.3
			I	33.3	0.0	16.7	16.7
			M	8.3	16.7	8.3	8.3
			K	26.6	7.1	35.7	21.4

	업무와 지식	빈도	목표	직원 1	직원 2	직원 3	직원 4
F	조립(의자-ID-Scanning, 조립지침 확인, 조립시행)	1	3	3	3	3	3
F	품질관리(육안검사, 측정 장비 활용, 기능검사,	3	3	2	2	2	2
F	문제해결(사고방지, 간단한 수리)	1	3	1	4	2	1
F	자재운송(장비, 버퍼 구축, 리프팅 및 운반차량 이용, 폐기물 처분)	2	3	3	2	1	3
I	소통 태도(정보전달, 공동의 문제해결, 상급자와의 소통)	3	3	2	3	3	3
I	협력적 태도(작업집단 내에서의 조정 노력, 자기 책임과 동등한 노동분업)	3	3	2	3	2	2
M	감각적 활동(나사 길이 구분, 압축공기를 넣은 스크루드라이버의 소음, 압력지점의 인지)	3	3	3	3	3	2
M	결정 능력(실행 대안에 대한 단순한 결정, 작업순서에 관한 결정)	3	3	3	3	2	3
M	문헤해결 활동(알려진 해결방식을 추구하는지, 혹은 새로운 해결방식을 찾는지의 여부)	3	3	3	2	3	3
M	서술능력(문서 및 보고서 작성)	3	3	2	2	3	3
K	자재 인식	3	3	1	3	2	2
K	프로세스 지식(공장 전체의 공정과정)	3	2	2	2	1	1
K	품질검사 관련 지식(검사지침 숙지, 측정 기계 사용, 한계제품의 분류)	3	3	2	2	2	2
K	생산품 지식(자재, 공정, 생산부품, 조립 관련 지식)	3	3	3	3	3	3
K	환경친화적 태도에 대한 인식(노동 및 소음보호, 분리수거, 합리적 에너지 사용)	3	3	2	3	1	3
계약기간				31.0 8.52	31.0 3.21	30.0 6.35	30.0 9.33

자료: Topstar 내부자료.

(2) 일반적 조치

종업원의 역량을 강화하기 위한 새로운 문제인식 아래 몇몇 조치들이 도출 · 실행되었으며, 이미 진행되고 있는 조치들은 검토 · 수정되었다. 그중 중요한 항목만 살펴보면 다음과 같다.

• 직업훈련

종업원들의 직업훈련은 이미 수년 전부터 OJT 방식으로 이루어지고 있는데, 앞으로는 더욱 정확하고 충분한 교육이 강화될 필요가 있다는 진단이 내려졌다. 모든 작업 단계가 이해되고, 실행되는 것이 확실해질 때까지 작업결과는 처음부터 일관되게 통제되어야만 했다. 한 부서의 다양한 영역에 걸친 전문지식은 순환전환방식(rotation method)을 통해 매개될 수 있었다. 이러한 방식은 기존 노동자는 물론 신규노동자에게도 다 같이 적용되었는데, 결원이 발생하는 시기에 모두가 다양한 직무를 수행할 수 있기 때문이다. 휴가나 질병으로 인한 결원 혹은 구조조정이나 생산변화로 인해 기업에 다양하고 유연한 적용 가능성이 필요하지만, 이러한 훈련과정을 통해 기업에서 진행되는 작업과정에 대해 노동자들이 더 많은 나은 이해를 하는 데 도움을 준다. 종업원에게 주는 장점은 폭넓은 지식을 획득할 수 있고, 일의 단조로움을 피하면서 정신적 혹은 물리적 스트레스에 대한 보상을 얻을 수 있다. 그 결과 직업훈련은 노사 모두에게 유익한, 더 낮은 질병률을 끌어내고 있다.

• 전문지식의 확장

기존의 지식을 전수해주는 것 외에 미래에는 제품 지식이나 자재에 관한 지식과 같은 일자리 간의 전문지식이 발전될 필요가 있다. 종업원은 개별 제품과 원자재를 잘 알고 있어야만 한다. 다수의 공급 업체는 상품을 취급하는 교육을 무료로 제공한다. 일례로 이전에 조립과정을 수행할 수 있었지만, 규범 행동에서 벗어나는 상황에서 대처능력이 떨어졌던 종업원은 필요한 배경지식을 가지고 최종재나 소비자에게 부정적인 결과의 예방을 위해 어떠한 시정조치를 취해야 할지 알 수 있게 되었다.

기계를 다루는 노동자들은 유지보수 활동이나 가능하면 심지어 작은 수리도 스스로 해낼 수 있어야 한다. 그럼으로써 장애가 발생했을 때 반응시간을 줄이고, 지금까지 그러한 업무를 담당했던 기술서비스부서는 이제 단순히 보전업무나 더 큰 피해를 막는 일을 담당하게 그 역할이 다소 변경되었다. 이로써 기술서비스 부서는 새로운 프로젝트를 수용할 수 있는 추가적 역량을 확보하게 되었다.

• 언어 능력

제품의 가치를 증대시키고, 프로세스나 품질보증 관련 인증규정을 이행하기 위해서는 좋은 독일어 실력은 더 중요해지고 있다. 이전에는 자신이 무엇을 해야만 하는지를 다른 사람에게 보여주었던 반면, 오늘날은 모든 직원이 문서화된 작업지시를 따라야만 하는 규정이 존재한다. 독일어 능력이 부족한 직원들이 많을 때는 이러한 요구 상황을 충족시키기 위한 방도를 찾아야만 한다. 언어 장벽을 극복하기 위한 가장 중요한 전제조건은 자발성이다. 그러나 기업 내에 전통적인 어학코스를 개설하는 것은 조직적 이유로 어렵다. 작업과정 중에 있는 해당 외국인 직원들(이주노동자)에게 일상적 생활과 작업 개념을 가르쳐주는 언어교사를 붙여주는 일은 아직 시도해보지 않았다. 그러나 독일어로 작업지시를 제대로 읽을 수 있을 때까지의 시간이 너무 오래 걸릴지 모른다는 우려 때문에 그 대안으로 이해하기 쉬운 그림-텍스트 지시서를 제공하거나 지침비디오를 제공하고 있다.

• 청년 인력

기업에서 제품과 공정혁신을 위해 중요한 경험적 지식을 장기적으로 확보하기 위해서는 고령화와 은퇴로 비워지고 있는 일자리를 젊은 사람으로 채울 필요가 있다. 그러한 목적으로 오래전부터 창고 물류 전문가를 육성하기 위해 시행한 양성훈련은 완전히 다른 방식으로 수정되었다.

직업훈련생(Auszubildende)을 받는 과정에서 톱스타는 변화된 사회경제적 상황에서 새로운 방식을 시도하였다. 그 이유로는 실제로 청년 인력이 부족하고, 교통연결이 잘 안 되는 회사 위치 때문이었다.

일간지를 비롯한 신문광고, 노동청의 구인광고 외에 사내고지, 홈페이지를 비롯한 다양한 소셜미디어 플랫폼, 다양한 직업안내소, 주변 학교와의 협력, 인턴십 기회의 제공 등을 통해 구직자들이 톱스타에 관심을 가질 수 있게 유도하였다. 회사는 일자리를 좀 더 매력적으로 만들기 위해 교통비 수당이나 대안적 교통수단과 주거공간을 제공하기도 한다.

청년인력의 선택은 매우 신중하게 이루어진다. 회사는 대체로 중간 수준의 학업을 성공적으로 졸업한 구직자들을 선호한다. 이러한 전제조건은 학업을 수행하는 데 기본적인 능력을 갖추고 있는지 확인하는 데 있다. 왜냐하면, 더 높은 교육수준을 위해 필요한 기본지식이 종업원의 직업훈련을 수월하게 하고 미래의 일자리 배치 가능성을 높이기 때문이다. 한 개 이상의 외국어 지식 또한 장점이 된다. 개인의 특성 중 동기 부여, 이해, 호기심, 목표는 중요한 요소로 간주된다.

직업훈련을 받는 동안 공장과 사무실의 모든 부서를 도는데, 부서별 훈련은 4주 간격으로 진행된다. 각 부서에서 전수받는 내용은 훈련생, 부서장, 그리고 전문가들(프로젝트 매니저, 교대근무 감독자, 기계조작원, 등)이 결정하고, 교육훈련 내용에 포함시킨다. 각 단위의 교육을 마칠 때마다 교육생의 지식수준은 현장에 있는 훈련 담당자에 의해 매개된다. 훈련을 따라가지 못할 경우, 학습 내용의 명목과 실제 사이에 있을 수 있는 격차발생에 대한 원인 분석이 곧바로 시행된다. 교육생의 관심 부족이나 참여, 교육책임자의 가치전달 등이 이유가 될 수 있다. 분석이 끝나면 교육자에 의해 곧바로 시정조치가 취해진다. 운영부서의 결과와 각종 이벤트는 교육생, 교육자, 교육부서의 평가조사서로 기록된다. 이러한 방식으로 학습 내용에 대한 집중 학습이나 개선 잠재력의 전달이 보장될 수 있다.

교육과 서비스를 위해 필요한 학습 내용의 전달은 최초의 교육 기간 2년 이내에 이루어진다. 이는 경영상의 문제와 미래의 작업 영역에서 교육생을 필요로 하는 수요를 고려해야 하기 때문이고, 잔여 교육기간 6-12개월은 적절한 직무에서 집중 교육이 이루어진다. 직업훈련 종료 후 유연하게 투입 가능한, 새롭고 다재다능한 전문인력이 탄생한다. 적합성에 따라서는 예비 간부의 탄생도 가능하다.

(3) 디지털화의 영향

보다 격화되고 있는 경쟁에 대처하는 데 있어서 생산 범위의 적응과 확장, 품질표준의 확대, 생산공정의 자동화와 기술화는 중요한 수단이 된다. 생산과정의 복잡성이 세계적으로 증대하고, 디지털 미디어의 추가적 투입은 새로운 특성을 요구한다. 산업 4.0의 시대가 필연적이라고 할 때, 톱스타는 글로벌 플레이어로서 그러한 대열에 기꺼이 참여하고 있다.

① 기초 환경

오늘날 조립라인에서 일하는 노동자가 머지않은 미래에 팀 내에서 로봇과 일하던가 혹은 3D 프린터의 도움으로 의자를 생산할 수 있을지도 모른다. 이럴 때 전문지식에 대한 훈련만으로는 절대 충분하지 않다. 디지털 시대로의 이행은 훨씬 더 높은 수준에서 노동과정에서의 준비와 능력이 필요하다. 사람들이 끊임없이 변화하는 세계에 반응하고 적응해야만 하듯, 톱스타도 혁신역량을 촉진하는 데 주력하고 있다. 이는 직원들이 스스로 생각하고 자기 주도적 이니셔티브를 개발하며, 스스로 책임질 수 있게 하는 것을 의미한다.

② 주요 대책

젊은 사람보다 나이 든 사람들이 더 많은 고령화 사회에서 디지털화는 가까운 미래에 사라질 노동자들을 보완할 매우 중요한 발전이다. 고령화되어 가는 노동자들이 유연성, 열린 학습 자세, 동기 부여와 같이 거대한 변화에 대한 준비와 능력을 갖추기 쉽지 않음에도 이러한 변화는 그들과 함께할 수밖에 없다. 이때 직업훈련에 대한 계몽과 감수성은 더 중요해지고 있으며, 감정이입과 솜씨는 매우 중요한 의미를 지닌다. 고령화된 직원이 자신 뒤처져 있으며, 새로운 것에 적응하지 못해 쓸모없다고 느끼지 않게 해야 한다. 반대로 그가 자신의 전문 역량과 장기적 경험이 여전히 가치가 있다고 느끼고 필요한 변화에 친숙해진다면, 새로운 변화에 대한 접촉 우려를 최소화하고 점차 신뢰를 회복하면서 자존감을 높여 새로운 일에 흥미를 느끼고 변화를 성공적으로 극복할 수 있을 것이다.

톱스타는 기업 경영의 변화에 핵심 인물은 간부들이라고 생각하고 있으며, 무엇보다 이들이 변화에 필요한 의식을 개발해야 한다고 믿고 있다. 특히 매일 생산노동자들과 마주하고 업무를 보는 팀장(Schichtleiter)을 중요하게 생각하고 있다. 이들은 대부분 인정된 직업교육을 받은 전문가들이 아니다. 그럼에도 톱스타는 이들이 오랫동안 많은 동료 중에서도 매우 적극적이고, 의무감이 있으며, 학습 의지가 있는 직원으로 살아왔으므로 변화에 중요한 이바지를 할 것으로 판단한다. 물론 이들의 리더십 기술은 개발되어야만 한다. 이를 위해 우선 기업 내부에서 이를 돕는 대책을 세우고 있으며, 일정 수준에 도달하면 외부 교육과 세미나 참여를 독려한다. 기업 내부에서 리더십을 양성하는 몇 가지 대책은 다음과 같다.

• 운영 리더십 워크숍

톱스타는 중견기업의 특성상 모든 간부가 형식을 통일하는 것이 필수적이라고 생각한다. 예를 들어 경영진부터 하위 관리층까지 같은 방향을 유지하는 것이다. 회사는 기업 철학, 가치 시스템, 현재의 전략, 경영진의 목표설정을 직원들에게 매개하는 것이 그러한 통일성을 만들어내는 탁월한 수단이라고 판단한다. 따라서 다소 권위적으로 들릴 수 있음에도 기업의 최고 경영자가 공통의 리더십의 중요성을 강조하고 설명할 때 그가 최고의 관심을 받는 것을 당연하게 생각한다.

경영진이 주관하는 워크숍에서는 고위 관리자와 경영진의 면전에서 교대근무 감독자에게 톱스타의 지속 가능한 시스템의 확립된 관리원칙과 행동규칙(Code of Conduct)이 전수된다. 이때 무엇보다 간부의 역할 모델의 책임이 크게 강조된다. 나아가서 사적 관계를 고려하지 않은 직원에 대한 공정한 대우, 기밀정보에 대한 비밀유지, 노동자에 대한 동기부여, 존중과 칭찬에 대한 표현 등과 같은 중요한 개인 리더십 활동의 심화학습이 보강된다. 워크숍에서는 상대방을 존중하는 목소리와 같은 대화문화의 형태로 적절한 소통방식을 구축하는 것 또한 다룬다. 워크숍의 핵심 부분은 모든 참여자에게 기회를 주고, 일상생활의 문제와 어려운 상황을 기술하고, 팀장이 공통의 핵심 주제로부터 도움을 줄 수 있는 내용을 찾아내는 것이다.

이러한 행사가 회사 간부들에게 주는 중요한 효과는 경영진을 지근거리에서 경험하고, '현장'의 위치에서 기업의 일상사를 이해하는 것이다. 톱스타는 개인적 문제, 일자리에서의 부적응 문제로 힘들어하는 현장 노동자들을 내버려 두지 않고, 이들을 지원하고 후원하는 것이 팀장의 중요한 역할이라고 판단한다.

표 6-2 리더십 워크숍의 주요 주제와 내용

정돈과 청결	작업장 기본규칙, 환경측면
질병	법적 요구사항, 내부 규칙, 방법
휴가	법적 요구사항, 내부 규칙, 방법
작업장 규칙	기업내 준수조항의 공표와 감시, 법적 규제를 고려한 작업 및 휴식시간
작업안전	법적 요구사항, 위험평가, 개인 보호장비, 사고 시 대처방안, 교육
EDV	기업 내 EDV 프로그램의 설명과 교육
문제직원	대처하기 위한 절차 개발
실수에 대처하기	실수를 다루는 문화 개발
신입사원 OT	초기교육, 직업훈련, OT계획, 기계오작동시 행동, 업무결과의 모니터링

출처: Topstar 내부자료.

워크숍의 또 다른 효과는 고위 관리자들이 자신의 개별 업무와 기능 영역과 부서를 넘어선 통일적인 관점을 강화하는 것이다. 톱스타 경영진은 고위 관리자들과의 정기적 미팅을 통해 의견교류를 촉진하고, 응집력을 강화하여 소통의 신뢰를 구축하는 것이다.

• 고위 관리자의 프레젠테이션

경영진이 주도한 운영 리더십 워크숍을 통해 기초를 구축한 후 고위 관리자에게는 교대근무 감독자가 자신의 기능적 역할을 분명하게 인지시키고, 선정된 주제를 심화시키는 과제를 부여한다. 일련의 워크숍에서 프레젠테이션이나 교육을 통해 부서의 벽을 넘어 중요한 사안들이 전달 · 토론되었다. 논의된 주요 주제는 〈표 6-2〉와 같다.

• 팀장의 순환 교육 프로그램

새로운 직업훈련 개념을 도입하면서 기업 내부의 지식과 경험교환을 위한 완전히 새로운 시도로 팀장을 대상으로 하는 순환프로그램이 도입되었다. 이러한 제도 내에서 팀장은 학습에 동기를 부여받고, 상호활동에 대해 피드백을 주고받으며, 자극을 얻는다. 낯선 작업 영역을 탐색하고 내재화하는 고유한 경험을 통해 팀장은 직원에게 자신의 지식을 전수하는데 민감하게 된다. 현장의 일반 노동자는 작업장에서 간부가 추가 역량을 획득하는 과정을 목격함으로써 직업훈련에 대한 동기를 부여받는다.

모든 팀장은 자신의 부서에서 작업과정을 설명해야만 하며, 동료들은 혹시 공정 최적화를 위해 필요한 것은 없는지 많은 질문을 던진다. 다른 부서의 업무를 익힘으로써 그는 자기 부서와 타 부서의 작업과정과 제반 대책을 비교하면서 보다 최적화된 행동양식과 전체 생산을 위한 목표지향적 협업을 추구하게 된다. 실제로 전체 프로그램의 완료 이후 이러한 효과가 배가되는 것으로 입증되었다.

다른 부서의 문제를 경험하는 것을 통해 문제 발생 시 다른 부서에 대한 언급을 꺼리는 주저함과 상호 역량에 대한 불신이 제거되고 상호 신뢰가 구축되면, 발견된 문제를 은폐하지 않고 상호 해결을 추구하게 된다. 이러한 방식은 팀장 사이의 소통을 촉진하고 더 많은 합의에 도달하게 한다. 이를 실행하는 방식은 〈표 6-3〉의 매트릭스와 같은데, 표의 세로축은 참여 팀장의 이름을, 가로축은 근무 부서를 포함하고 있다.

그다지 의미가 없는 부서 결합은 다르게 표시했다. 이는 자신의 고유 부서로 업무가 배치되기 때문에 팀장의 순환교육이 필요하지 않다. 기술

표 6-3 부서와 교대근무 감독자의 소통촉진 매트릭스

	Line 1	Line 2	받침대	Line 7	품질관리	배송	입고	기술
Line 1 팀장 1					kW 25/17			kW 20/17
Line 1 팀장 2			kW 14/17					
Line 1 팀장 3					kW 36/17			kW 30/17
Line 2 팀장						kW 19/17		
받침대 제작 팀장 1	kW 14/17			kW 29/17				
받침대 제작 팀장 2		kW 22/17					kW 42/17	
받침대 제작 팀장 3						kW 25/17		
받침대 제작 팀장 4					kW 20/17			
받침대 제작 팀장 5						kW 39/17		
Line 7 팀장	kW 17/17							kW 19/17
수리 팀장							kW 37/17	
품질관리 팀장	kW 36/17							
배송 1 팀장			kW 26/17					
배송 2 팀장		kW 27/17						
입고 팀장				kW 28/17				

출처: Topstar 내부자료.

부서에 있는 모든 직원은 자신들의 고유한 업무를 통해 공장의 모든 부서를 알고 있으므로 순환교육 프로그램에 포함할 필요가 없다. 반대로 모든 팀장은 기술부서에서 일정 기간을 보내야만 하는데, 그로부터 매우 중요한 자극을 받을 수 있기 때문이다. 이런 이유로 몇몇 정비보존 및 유지업무 혹은 기술서비스의 작은 수리 업무는 생산부서로 배치할 수 있게 되었다.

매트릭스의 빈 공간에는 해당 팀장이 다른 부서의 동료를 만난 시간이 적혀 있다. 예컨대 KW 42는 받침대 제작부서의 팀장이 입고팀을 방문한 시간이다. 부서 방문은 고위 관리자와 양부서의 팀장의 합의 아래 이루어진다.

합의된 방문 이후 순환프로그램을 수행한 팀장은 방문했던 부서에 대해 보고서를 제출하는데, 방문을 통해 얻는 지식과 그로부터 배운 점 등을 기술한다. 프로그램을 충실히 수행하기 위해 관련 부서의 간부들(팀장, 부서장)이 모두 교환프로그램에 참여한다. 이를 통해 모든 부서 간 상황을 충분히 이해하고 관리의 효율성을 추구한다. 이러한 로테이션 매트릭스가 다 채워지면 모든 팀장은 순환 프로그램을 종료하고 그로부터 시너지 효과를 거둘 수 있게 된다. 새로운 정보가 업데이트되거나 기술이 도입될 경우 이러한 순환프로그램이 재가동된다.

VII. 결 론

노동의 디지털화에 대한 평가와 노동정책적 과제

VII. 결 론

노동의 디지털화에 대한 평가와 노동정책적 과제

1. 산업 4.0에 대한 비판적 평가: 노동의 디지털화의 위험과 민주화 프로젝트의 가능성

산업 4.0 혹은 노동의 디지털화가 노동에 미치는 영향이 긍정적이라는 일련의 연구에도 불구하고 이에 대한 회의적인 견해를 견지하는 소수의 입장에 주목하는 것도 중요하다. 이러한 입장은 산업 4.0의 기본적 약점(혁신의 수준, 범위, 위험)을 지적하고, 산업 4.0의 비전에 대한 대안을 탐색하는 데 도움을 줄 수 있기 때문이다.

실제로 산업 4.0의 주창자들조차 산업 4.0의 효과를 입증하는 일부 파일럿 플렌트(pilot plant)(일례로 Halle 54-Volkswagen 공장-, Enterprise 2.0)가 존재하고 있음에도 이를 구현하는 데는 상당히 오랜 시간이 필요하다고 토로하고 있다(Kagermann 2012: 12). 심지어 보네만은 복합적 공정과정을 동시적으로 통제하는 산업 4.0의 비전속에 내재한 기술발전이 그리 특별한 혁신을 요구하지 않는다고 주장한다(Bornemann 2014). 한편, 일부 연구자들은 산업 4.0이 오히려 상당한 위험을 동반할 것으로 예측한다. 안전성 문제는 차치하고서라도 요청된 데이터 양(빅 데이터)을 제대로 통제할 수 있는지조차 불분명하기 때문이다. 가장 치명적인 점은 기계를 위한 '세계언어'를 만들어내야만 한다는 것이다. 아이제르트

(Eisert, 2014: 5)는 "만약 산업 전반에 걸쳐 하나의 혹은 일부 표준화에 대한 합의를 도출해내지 못한다면 지능생산에 대한 모든 비전은 바벨탑처럼 무너져버릴 수 있다"고 본다.

산업 4.0 비전이 제시한 생산능력의 확장에 대한 기대도 불투명해 보인다. 독일과학기술아카데미는 "산업 4.0을 도입한 기업이 30%가량의 생산성 향상을 이루어낼 수 있다고 평가한다. 그러나 그러한 가치를 어떻게 실현할 수 있는지는 아무도 말하지 않는다"(Eisert, 2014: 1). 앞서 서술하였듯 실제로 다수의 독일의 중소기업은 산업 4.0의 유혹에 그다지 호응하지 않고 있다(Tauber, 2014).

그렇게 볼 때, 산업 4.0이 미래사회의 비전으로 제시한 사회적 · 기술적 혁신의 앙상블은 '하이테크 강박관념'(hightech obsession)에서 벗어나 기술혁신을 기업과 노동조직와의 상호협력 속에서 이루어내려는 노력이 절대적으로 필요하다. 그러한 점에서 기존의 혁신 잠재력을 활용하고 체계적으로 발전시키는 사회의 능력은 그 어느 때보다 더 중요하다. 독일은 이러한 노력을 '노동 4.0', '사회 4.0' 이라는 비전 속에서 실현하려고 한다. 노동의 디지털화를 둘러싼 비판적 혹은 긍정적 평가는 결국 디지털화의 직접적 결과에 주목하느냐, 혹은 디지털화를 어떻게 활용하느냐의 문제로 압축된다.

미국의 사회학자 랜들 콜린스는 그러한 관점에서 신기술에 대한 위험을 지적하고 있다. 그는 정보화, 컴퓨터화, 디지털화가 향후 중산층의 직업을 소멸시킴으로써 구조적 기술실업을 양산할 것이라고 보고 있다(Collins 2014). 그에 의하면 새로운 기술은 1) 새로운 일자리를 충분히 만들어내지 못하며, 2) 새로운 시장의 지리적 확대가 이를 보완하지도 못하며, 3) 사라져가는 생계노동을 대체하지도 못하며, 4) 팽창적 국가정책(재정정책을 의미: WT)은 국가의 부채를 증대시키기 때문에 국가는 금융시장의 압력에 굴복하게 될 것이며, 5) 기술요구에 따른 학력 인플레이션은 오히려 교육시장의 사유화만 촉진할 뿐이며, 나아가서 학력의 평가절하를 초래할 것이다.

과거 MIT의 축소생산(Lean Production) 연구를 상기시키는 MIT연구자 브린욜프슨과 맥아피(Brynjolfsson and McAfee, 2014)의 연구 또한 디지털화가 초래할 노동의 양극화를 우려한다. 그러나 콜린스와는 달리 이들은 자본주의의 몰락 시나리오보다는 사회개혁의 과제를 강조한다. "Wild Ideas Welcomed"(ibid.: 245)의 기치아래 이들은 일종의 의도적 낙관주의를 주장하는데, 기본소득, 부의세(negative income tax), 소유권 통제, 돌봄 노동 등이 혁명적 기술패러다임을 일정하게 완화시킬 수 있다고 본다. 이러한 논의의 가장 근본적 문제는 사회의 개혁이나 발전이 궁극적으로 계급역관계와 권력자원에 달려 있다는 점이다. 디지털화에 의해 창출된 다수의 직업은 지불노동도 있지만 음악 비즈니스의 경우에서 보듯 상당수의 부불노동이나 비공식노동도 있다는 점이다. 다시 말해서 디지털 자본주의에서의 사회적 분열은 자본과 노동의 대립을 넘어 공식 노동과 비공식 노동, 지불노동과 부불노동 간의 차이를 확산시키고 있는데, 이는 이전의 산업사회와는 달리 계급적, 계층적 소속감을 구성하는 것을 어렵게 한다.

나아가서 디지털화가 만들어내는 새로운 산업은 대단히 생태파괴적인 요소를 지니고 있다. 실제로 디지털화는 매우 제한적인 자연 광물자원에 의존하고 있다(인듐, 하프늄, 테르븀, 네오디뮴: 현재 중국이 세계 공급의 95%를 담당). 이러한 광물의 소비도 소비려니와 디지털생산이 초래하는 인체적·환경적 위험은 결코 간과할 수 없다. 나아가서 그런 디지털 기술조차 궁극에는 온라인 서비스를 통해 더 많은 차도와 자동차, 드론, 그리고 최종적으로는 이를 지탱하는 석유가스의 더 많은 소비를 필요로 한다.

이와 같은 부정적 평가와는 달리 노동의 디지털화는 작업구조의 지적인 스웜조직의 형성(생산의 위계조직의 타파)을 통해 작업장 민주화의 새로운 지평을 열 수 있다고 보는 시각도 존재한다. 다분히 프로젝트 성격이 강하지만 이러한 실험은 사회적 민주화가 선행되어야만 가능하다. 빅데이터의 악용 위험과 그에 따른 감시사회의 문제가 엄연히 존재하고 있기 때문에 민주적 기업은 그러한 조직에 선행되어야만 한다. 그러나 현재 노동자의 창의성과 이들의 생산지능에 의존하는 민주적 기업은 숙련 노동자들을 고용한 소규모 하이테크 기업에서만 존재한다. 이러한 기업은 노동자의 창의성을 존중하고 의사결정 가능성의 공간을 부여함으로써 보다 효율적인 방식으로 기업을 운영하고 있다. 여기서 기업의 민주주의는 경제적 성공의 핵심요소이다. 기업 민주주의와 노동의 디지털화가 결합할 때 산업 4.0의 비전이 성공할 수 있다는 점에서 경영참여(노사 간 공동결정)는 물론 가치사슬 내에서의 민주적 원하청 관계가 디지털화의 성공적 전제요소가 된다. 공동결정은 기업경영에 참여하는 수준을 넘어 생산방식과 생산내용에 적극적으로 개입해야만 한다. 나아가서 노동력이라는 생산요소가 단지 하이테크 생산의 잔여물이 되지 않기 위해서는 생산, 노동, 사회적 재생산을 결정하는 것의 급진적 민주화를 필요로 한다. 이러한 점에서 산업 4.0은 '노동 4.0', 나아가서 '사회 4.0'의 비전과 함께할 필요가 있으며, 그러한 전환을 위해서는 학술적 영역에서뿐만 아니라 공적 담론(노조, 시민사회)에서 보다 역동적인 논쟁을 필요로 한다.

2. 노동의 디지털화에 대한 정책적 과제: 숙련향상과 일터혁신을 위한 학습촉진

앞서 살펴보았듯, 디지털화에 따른 노동의 변화는 여전히 불투명하고, 디지털 기술과 인간노동 간의 관계가 모순적이라는 점은 논란의 여지가 없어 보인다. 지금까지의 연구결과에 의하면 양극화 테제뿐만 아니라 숙련의 보편적 평가절상이라는 가정도 현실적으로 입증되고 있다. 나아가서 노동의 지속적인 유연화와 탈경계화도 꾸준히 발생하는데 그 결과와 범위를 정확하게 예측하기란 쉽지 않아 보인다.

몇몇 미래학자들은 이러한 불투명한 상황이 현재의 기술적 발전 한계에 기인하는 것으로 조만간 극복될 것으로 보고 있다. 이들은 인공지능(A.I.) 시스템의 발전과 그에 기초하여 급속하게 개발된 로봇이 보편적으로 적용되는 시점을 기술전망의 중요한 전환점으로 보고 있다. 그러기 위해서는 기술의 질적 도약, 즉 공식적 규칙을 넘어 분명하지 않은 경험적 지식을 생산하고 특수한 상황에 적용할 수 있는 시스템을 발전시키는 것이 전제되어야 한다. 머신러닝(machine learning)[1] 혹은 딥러닝(deep learning)[2] 등으로 표현되는 이러한 발전이 '폴라니 패러독스'를 멀지 않은 시기에 기계적 수준에서 완성할 수 있다면(Autor, 2015), 디지털 기술을 적용하는데 존재하는 장애물은 점점 더 사라지고, 스마트 기술의 자율적 행위 가능성은 지속적으로 증가할 것이다. 그러나 이는 아직 먼 이야기이다.

현실의 세계에서는 노동의 디지털화 과정에서 요구되는 숙련 생산 노동을 확보하고 구축해야 하고, 이를 위해서 몇 가지 추가적 조건이 필요하다. 독일의 경우, 산업 4.0 시스템과 그와 연계된 노동의 변화 가능성이 노조와 경영자 양쪽에 의해 수용되었고, 그렇게 도입된 산업 4.0 프로젝트에 의해 숙련 노동이 다양한 방식으로 변화되고 있다. 결과가 어떻게 되든 간에 현재의 산업 4.0 논쟁은 이러한 토대 위에서 진행되고 있다는 것이 중요하다. 적합한 해결방안은 산업 4.0 시스템의 도입과 형성과정에서 시스템 설계에 노동자와 노조를 참여시키는 것이다. 독일의 경우, 공동결정권(Mitbestimmung) 규정을 폭넓게 해석하고 활용하는 것을 적극적으로 시도하고 있다. 그러나 그러한 제도가 없는 한국의 경우에도 노사협력은 대단히 중요하다. 이러한 조건은 테일러리즘에 익숙한 기존의 경영방식과 스타일에 대한 하나의 도전이기 때문이다. 독일의 경우 산업 4.0의 쌍개념인 노동 4.0의 전략 속에서 이를 실현하고자 한다. 하르트만과 보벤슐테(Hartmann and Bovenschutle, 2014)는 그러한 맥락에서 산업

1) 인간의 학습능력과 비슷한 수준을 컴퓨터에서 구현하고자 하는 인공지능의 연구 분야.

2) 컴퓨터가 마치 사람처럼 여러 데이터를 이용해 스스로 학습할 수 있게 하도록 인공신경망(Articial Neural Network)을 기반으로 구축한 기계학습기술.

4.0을 숙련요구(노동 4.0)와 동일시하고 있다.

오늘날 다양한 기술적 요소와 데이터는 하나의 시스템으로 통합되고 있다. 이는 일종의 '산업 정보전문가'(Industrieinformatiker)에 준하는 직업훈련을 요구하고 메카트로닉스 분야를 위한 향상훈련이 보다 많이 필요하다는 것을 의미한다. 따라서 로봇 시스템과 노동자 간의 강력한 상호작용(인간-기계-상호작용)에 근거한 횡단적 숙련(cross-sectional qualification)은 고용안정을 위한 핵심 이슈가 된다는 것을 의미한다(ibid.).

산업 4.0 프로젝트가 활발하게 진행되는 독일에서 '인간-기계-소통'은 양성 및 향상훈련에 직접적인 영향을 미치고 있는데, 왜냐하면 생산기술과 소프트웨어 개발의 병합, 전문인력의 학제 간 지향, 학습촉진적 작업조직의 발전이 작업통합적 학습을 요구하고 있기 때문이다. 디지털 학습기술에 의존할 수밖에 없는 새로운 학습 형태가 비록 생산기술과 직접적으로 연결되어 있지만 아직까지 전면적으로 현실화된 것은 아니다. 학습능력의 촉진이 구체적으로 의미하는 것은 학습촉진성과 직업훈련이 긴밀하게 연계되어 있다는 점이다(Mühlbradt, 2014). 작업과정에서 습득하는 핵심 학습내용은 수행과제에 대한 분석을 의미한다. "이러한 방식에서 작업활동은 '다양한 과업'과 '과업의 분석 능력'에 따라 구별된다. 다양한 과업은 업무에서 다양한 과제를 복합적으로 수행하는 것을 의미하며, 과업의 분석 능력은 표준화된 방식으로 과제를 잘게 나누는 능력을 의미한다"(ibid.: 7).

단순 활동의 경우 작업과정은 속임, 관찰, 모방의 전형적인 노동통제과정으로 구성된다. 보다 복합적인 작업활동은 학습촉진적이고 동기 부

그림 7-1 학습촉진 조건

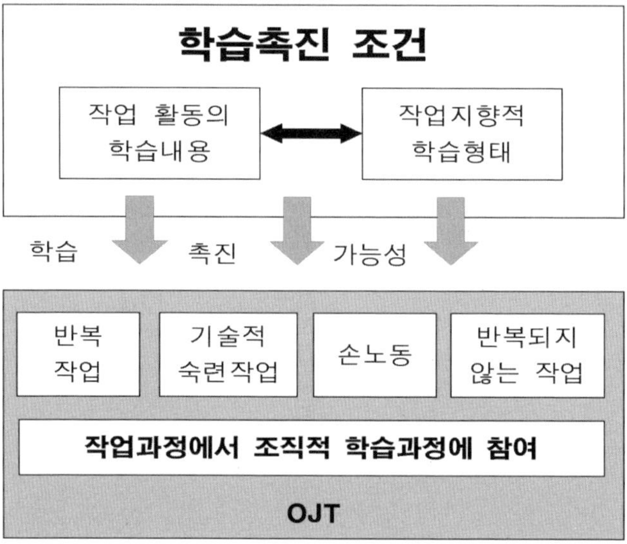

자료: Mühlbradt, 2014.

여의 잠재력에 기대고 있다. 뮐브라트는 "심지어 작업활동이 더 복합적이 될수록 그러한 복합성은 자율적인 집단에서 통제될 수 있는 수준에 도달할 것이다"라고 보았다(ibid.: 8). 나아가서 그는 경험적 연구에 기초하여 다음 두 가지 생산 및 작업모델을 도출해내고 있다. 그 하나는 높은 수준의 '학습 형태'(learning forms)를 특징으로 하는 생산모델이고(대체로 그는 스웨덴의 사회기술형 작업조직을 이상으로 간주하고 있음), 다른 하나는 자율성과는 무관한 채 생산에서 학습을 강조하는 린 생산(lean production) 모델이다. 뮐브라트는 이를 합쳐 학습촉진성에 대한 통합적 모델을 〈그림 7-1〉과 같이 제시하고 있다.

그림 7-2 노동의 디지털화와 작업장 행위자의 역할

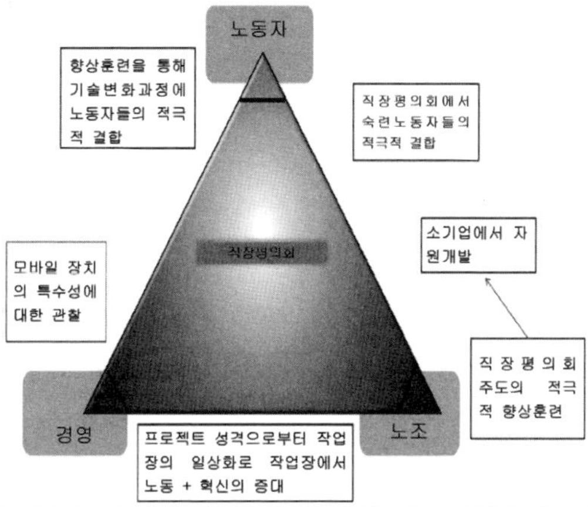

자료: Wannöffel · Schäfer · Lins(2017).

학습촉진적 작업조건을 효과적이고 지속적으로 확보하고 실행하는 것은 산업 4.0의 기술적 조건과 변화된 사회적 조건 아래서 고용을 유지하기 위해서라도 대단히 중요하다. 독일 제조업의 경우 작업시스템의 재형성 과제에 경영진뿐만 아니라 직장평의회(Betriebsräte), 사회적 파트너로서 노조, 그리고 일터에서 개별 노동자들이 적극적으로 참여하고 있다. 작업장에서 노동의 디지털화를 둘러싼 산업 행위자들의 역할은 〈그림 7-2〉와 같이 이해될 수 있다.

독일 노조가 미래지향적 발전 전망과 관련하여 산업 4.0에 대응하는 노동 4.0을 제시하고 있음에도 아직까지 작업장에 미치는 효과는 제한적이다. 시장의 요구로부터 노동의 디지털화가 실제로 작업장/일터에서 빠르게 관철되고 있는 반면, 독일 노조는 법적으로 작업장에 직접적인 영향

력을 행사할 수 없기 때문이다. 그러한 상황에서 작업장평의회가 노사합의에 기초한 직업훈련을 요구하고 학습촉진성 기획에 개입(정보제공과 피드백, 노동시간 형성, 경영진과의 소통 등)하는 것은 대단히 중요한 의미를 지닌다고 할 수 있겠다. 앞서 살펴보았듯 노동의 디지털화는 숙련노동자에게 노동의 자율성을 부여하는 새로운 기회로 작용할 수 있는데, 왜냐하면 노동의 디지털화가 그 어느 때보다 학습촉진과 향상훈련에 대한 동기와 기회를 제공하기 때문이다.

국내의 경우, 4차 산업혁명의 파고 속에 추진된 정부의 '스마트 팩토리' 사업으로 부분적인 디지털화(실제로는 RFID 기술 도입이 대부분)는 빠르게 확산되고 있지만, 사업주들은 대체로 이를 자동화 단계의 일부로 인식하고 있을 뿐, 노동의 디지털화에 따른 숙련문제는 거의 논의되지 않는 상황이다. 고용부의 일터혁신 사업이 일정하게 이를 보완하려는 노력으로 이해되지만, 여전히 고숙련 디지털 노동보다는 단순한 전산화 기술의 습득이나 활용에 그치고 있어 디지털 전환을 기대하기에는 대단히 미흡한 형편이다. 그러한 점에서 독일 중소기업 톱스타의 산업 4.0 도입 전략을 시사하는 바가 크다.

중소기업인 톱스타는 자동화 전략이 가능한 대량생산을 유지하면서 노동의 디지털화를 활용하여 부가가치가 높은 고품질의 제품을 생산함으로써 수익성을 개선하고, 기존의 제품생산 전략을 점진적으로 개선해갔다. 전형적인 비R&D 집약적 기업이 산업 4.0 전략을 적극적으로 받아들이면서 혁신 기업으로 발전한 것이다. 이러한 성공의 배경은 기술-사람-조직의 협력 관계를 적절하게 활용한 전략이다. 톱스타는 회사의 혁신역량을 자동화 기술과 일부 숙련 기술자에게 맡기지 않고 양성훈련과 향상훈련을 통해 종업원 전체의 숙련과 역량을 강화하는 일터혁신을 과감하게 진행하였다. 무엇보다 순환 교육프로그램을 통해 조장이라는 현장 관리자의 역량을 강화하고(숙련향상 및 직무의 다변화), 이들이 기업 조직 위계의 아래위를 효율적으로 조절함으로써 일상에서 지속적으로 일터혁신을 이루어내고 이를 통해 기업의 선반적인 생산성 혁신을 이루어내고 있다. 특히 조장에 대한 교육을 강화하여 부서간 장벽을 없애고 업무의 효율성을 강화하여 비숙련 노동자들에게 동기를 부여하는 방식은 국내 중소기업의 일터혁신 사례에 시사하는 바가 크다고 할 수 있겠다.

독일 사례에서 보듯 노동의 디지털화는 디지털 노동을 중심으로 하는 숙련노동의 향상만을 대상으로 하지 않는다. 이는 삼성, 현대 등의 대기업에서만 가능한 일이다. 반면, 대다수 노동자들이 종사하는 중소기업의 경우 예나 지금이나 직업훈련(숙련향상과 학습)에 대한 관심은 부족한 상황이다. 더 노골적으로 말해서, 중소기업에서 디지털화(4차 산업혁명)는 기껏해야 자동화로 이해되고 있으며, 사측은 자동화를 노조문제의 해결방편으로, 노동자는 해고의 위협으로 단순하게 이해되고 있는 수준이다. 이러한 인식으로 4차 산업혁명의 파고를 해쳐나가는 것은 불가능하다. 노동의 디지털화가 고숙련 노동에 대한 수요를 요구하는 것은 분명하고, 이로 인해 급격한 생산방식 및 작업구조의 변화가 발생하는 것 또한 피할 수 없는 일이다. 그러나 그러한 여력이 안 되는 중소기업이 부분적으로라도 디지털화를 수용하고 직업훈련과 학습을 통해 현장 관리자는 물론 직원의 역량을 높여 생산성을 높이는 전략은 반드시 필요하다.

인공지능과 자동화가 산업노동의 미래가 될 수 없다면, 작업장/일터에서 노동자들의 숙련 향상은 절대적으로 필요하며, 이를 실현하기 위한 다양한 제도의 보완(직무급 도입, 훈련지원체계 수립 등) 또한 시급하다. 특히 개별 기업의 역량(R&D, 기술, 혁신, 숙련노동자 등)이 부족한 중소기업의 경우 이에 대한 정부의 정책적 지원은 필수적일 수밖에 없다. 그러한 점에서 한국형 노동 4.0에 대한 구체적 비전과 실행전략의 수립이 요청된다.

참고문헌

리프킨, 제러미 2011.『제3차 산업혁명 - 수평적 권력은 에너지, 경제, 그리고 세계를 어떻게 바꾸는가?』, 민음사. (안진환 옮김).

박유리 · 이경선 · 김규남 · 이대호 · 이은민. 2014.『ICT 활용을 통한 제조업 혁신 방안 연구』. 정보통신정책연구원. 14-01.

백성진. 2013.『독일 Industrie 4.0 Initiative』. KIAT 산업기술정책 브리프 2013-41.

슈밥, 클라우드. 2016.『제4차 산업혁명』, 새로운 현재. (송경진 옮김).

요시카와 료조 · 모리타 요시타미 · 스가야 슈 · 오쿠데 마사오 · 후카가와 오사무. 2016.『제4차 산업혁명』. KMAC. (KMAC 옮김).

임운택. 2016. "노동의 디지털화와 산업 4.0: 새로운 노동 패러다임의 변화". 임운택.『전환시대의 논리: 자본주의와 민주주의의 이중위기 속의 한국사회』 논형: 서울. pp. 539-577.

임운택. 2017. "독일의 산업 4.0과 일터혁신". 조성재 · 오계택 · 김동배 · 전우석 · 임운택.『일터혁신의 현단계와 발전 방향』. 한국노동연구원. pp. 34-72.

임운택. 2018a. '노동의 디지털화 과정에서 노동과 가술의 문제'. 2018년 산업노동학회 정기학술대회 발표문.

임운택. 2018b. "독일 중소기업의 혁신사례". 노세리 · 노용진 · 임운택 · 옥지호.『중소 제조기업 일터혁신 연구』. 한국노동연구원. pp.140-177.

콜린스, 랜들. 2014. "중간계급 노동의종말: 더 이상 탈출구는 없다" 월러스틴, 이메뉴얼 · 콜린스, 랜들 · 맨, 마이클 · 데를루기얀, 게오르기 · 캘훈 · 크레이그 편.『자본주의는 미래가 있는가?』 창비. (성백용 옮김), pp. 75-141.

한국은행. 2014.『미국 제조업 회귀의 현황 및 평가』. 국제경제리뷰.

Abel, J. and Ittermann, P. and Seffen, M. 2013. Wandel von Industriearbeit. Herausforderung und Folgen neuer Produktionssysteme in der Industrie. Soziologisches Arbeitspapier. No.32. Dortmund.

Accenture. 2014. Industrie 4.0. - Neue Geschäftsmodelle. Mutig auf neues Terrain. http://www.accentureinsights.de/de/ausgaben/der-eigene-weg-zur-spitze/industrie-4-0.html

Acemuglu, D. and Autor, D. 2010. Skills, Tasks and Technologies: Implications for Employment and Earnings. Working Paper, National Bureau of Economic Research No. 16082.

Autor, D. 2010. The Polarization of Job Opportunities in the U.S. Labor Market. April. 2010. Center for American Progress.

Autor, D. and Dorn, D. 2013. "The Growth of Low-Skill Service Jobs and the Polarization of the US Labor Market". *American Economic Review* vol.103, No.5, pp.1553-1597.

Avant, R. 2014. "The Third Great Wave". *The Economist*, Oct. 4th. 2013. Special Report.

Berger and BDI. 2015. *Die digitale Transformation der Industrie. Was sie bedeutet - Wer gewinnt - Was jetzt zu tun ist. Studie im Auftrag des Bundesverband der Deutschen Industrie*. Berlin.

Benner, C. 2014. *Crowd Work. - Zurück in die Zukunft*. Frankfurt/M.

BMWi. 2013. *Mensch-Technik-Interaktion*. Berlin.

Boes, A., Kämpf, T., Lühr, T., and Marrs, K. 2014. "Kopfarbeit in der modernen Arbeitswelt: Auf dem Weg zu einer Industrialisierung neuen Typs", Sydow, J., Sadowski, D. and Conrad, P. (eds.), *Arbeit-eine Neubestimmung*. Wiesbaden, pp.33-62.

Boos, D., Guenter, H., Grote, G. and Kinder, K. 2013. "Controllable accountabilities: The Internet of Things and its challenges for Organizations". in *Behaviour & Information Technology*, vol.32, pp.449-467.

Bornemann, D. 2014. "Industrie 4.0. Vermessen und funktional-aber nicht revolutionär!." *Wirtschaft und Politik Impulse* Oct. 2014.

Bowles, J. 2014. "The Computerization of European Jobs - who will win and who will lose form the impact of new technology onto old areas of employment?" http://www.accentureinsights.de/de/ausgaben/der-eigene-weg-zur- spitze/industrie-4-0.html

Brödmer. P. 1997. *Der überlistete Odysseus. Über das zerrüttete Verhältnis von Menschen und Maschinen*. Berlin.

Brynjolfsson, E. and MaAfee, A. 2014. *The Secnomc Mashine Age: Work, Progess, and Prosperity in a Time of Brilliant Technologies*. NY(제2의 기계시대. 이한음 옮김. 청림출판).

Buhr. 2015. *Soziale Innovationspolitik für die Industrie 4.0*. Expertise im Auftrag der Abt. Wirtschafts- und Sozialpolitik der Friedrich-Ebert-Stiftung. Bonn.

Bundesministerium für Arbeit und Soziales. 2015. *Grünbuch Arbeiten 4.0*.

Bundesministerium für Wirtschaft und Energie/ Bundesministerium für Bildung und Forschung. 2015. *Industrie 4.0-Made in Germany Information zum Start der Plattform Industrie 4.0*.

Clegg, C. W. 2000, "Sociotechnical principles for system design". *Applied Ergonomics*, vol. 31, no. 5, 463-477.

Dolata, U. and Schrape, J. F. 2013. Zwischen Individuum und Organisation. Neue kollektive Akteure und Handlungskonstellationen im Internet. SOI Discussion Paper. no.2., Stuttgart.

Düll, N. (ed.). 2013. Arbeitsmakrt 2030. *Fachexpertisen und Syenarien. Trendanalyse und qualitative Vorausschau*.

http://fachsymposium-empowerment.de/Verschiedenes/6004384w.pdf

Eisert, R. 2014. "Sind Mittelständler auf Industrie 4.0 vorbereitet?" *Wirtschaftswoche* Oct. 21th, 2014. http://www.wiwo.de/unternehmen/mittelstand/innovation-readiness-index-sind-mittelstaendler-auf-industrie-4-0-vorbereitet/10853686.html.

Evangelista, R., Guerrieri, P., and Meliciani, V. 2014. "The economic impact of digital technologies in Europe", *Economics of Innovation and New*

Technology, vol.23, no.8, pp.802-824.

Fleisch, E. and Mattern, F. (eds.). 2005. *Das Internet der Dinge. Ubiquitous Computing und RFID in der Praxsis*, Berlin/Heidelberg.

acatech. 2012. *Im Fokus: Das Zukunftsprojekt Industrie 4.0. Handlungsempfehlungen zur Umsetzung*. Bundesministerium für Bildung und Forschung.

acatech. 2013. *Deutschlands Zukunft als Produktionsstandort sichern. Umsetzungsempfehlungen für das Zukunftsprojekt Industrie 4.0. Abschlussbricht des Arbeitskreises Industrie 4.0*. Bundesministerium für Bildung und Forschung.

Frey, C. and Osborne, M. 2013. *The Future of Employment: How Susceptible are Jobs to computerization?* Oxford Martin School(OMS) working paper.

Geisberger, E. and Broy, M. 2012. *Agenda CPS. Integrierte Forschungsagenda Cyber-Physical Systems*. Heidelberg.

Gill. H. 2006. *NSF Perspective and Status on Cyber-Physical Systems*. Austin.

Goos, M. and Manning, A. 2007. "Laousy and loverly jobs: The rising polarization of work in Britain." *The Review of Economics and Statistics*, vol.89, no.1, pp.118-133.

Goos, M. and Salomons, A. 2009. "The Polarization of the European Labor Market". *American Economic Review papers and Proceedings*, vol.99, no.2, pp.58-63.

Hartmann, E.A. and Bovenschulte. M. 2014. "Skills Needs Analysis for 'Industry 4.0' Based on Roadmaps for Smart Systems" in Skokovo-ILO-Workshop Proceedings: Using Technolgy Foresights for Identifying Future Skills Needs, Geneva. ILO.

Hirsch-Kreinsen, H. 2014. "Wandel von Produktionsarbeit – Industrie 4.0", *WSI-Mitteilungen*, vol.67, no.6, pp.421-429.

Jasperniete, J. 2012. "Alter Wein in neuen Schläuchen" Internet: http://www.ciit-owl.de/uploads/media/410-10%20gh%20Jasperneite%20CA%202012-12_lowres1.pdf

Kagermann, H. 2014. "Chances von Industrie 4.0 nutzen". in Bauernhansl, T., ten Hompel, M., and Vogel-Heuser, B. (eds.), *Industrie 4.0 in Produktion, Automatisierung und Logistik. Anwendung, Technologien, Migration, Wiesbaden*, pp.603-614.

Kampker, A., Deutskens, C. and Marks, A. 2015. "Die Rolle von lernenden Fabriken für Industrie 4.0" in Botthof, A., Hartmann, E.A. (2015), Zukunft der Arbeit in Industrie 4.0, pp.31-47.

Kinkel, S., Friedewald, M., Hüsing, B., Lay, G., and Lindner, R. 2008. *Arbeiten in der Zukunft –Strukturen und Trends der Industriearbeit*. Berlin.

Lee, J. and Seppelt, B. 2009. "Human Factors in Automation Design", Nof, S. (ed.). *Handbook of Automation*. Berlin, pp.417-436.

Leskovec, J., Rajaraman, U., and Jeffrey, D. 2014. *Mining of Massive Datasets*. (2. edition). Cambridge.

Lutz, B. 1987. "Das Ende des Technikdeterminismus und die Folgen". Lutz, B. (ed.), *Technik und Sozialer Wandel*. Verhandlungen des 23. DeutschenSoziologentages. Frankfurt/M., pp. 37-57.

Markillie, P. 2012. "Manufacturing: The third industrial revolution". *The Economist*, Oct. 4th. 2013. Special Report.

Martin, D. 2014. "Die brillanten Roboter kommen", FAZ November 21th, p.16.

Matuschek, I. 2016. *Industrie 4.0., Arbeit 4.0-Gesellschaft 4.0?* Rosa-Luxemburg-Stiftung.

Mühlbradt, Th. 2014. Was macht Arbeit lernförderlich? Eine Bestandsaufnahme. MTM-Schriften Industrial Engineering Ausgabe 1.

Neef, A. and Burmeister, K. 2005. "Die Schwarm-Organisation - Ein neus Paradigma für das eUnternehmen der Zukunft." pp.563-572. in Kuhlin, B. and Tielmann, H. (eds.). *Real-Time Enterprise in der Praxis*. Berlin.

Pfeiffer, S. 2013. "Arbeit und Technik". in Hirsch-Kreinsen, H. und Minssen, H. (eds.), *Lexikon der Arbeits- und Industriesoziologie*. Berlin, pp. 48-53.

Plattform Industrie 4.0. 2014. *Neue Chancen für unsere Produktion. 17 Thesen des Wissenschaftlichen Beirats der Plattform Industrie 4.0*. Bundesministerium für Bildung und Forschung.

Bauernhansel T.(eds.). 2014. *Industrie 4.0 in Produktion, Automatisierung und Logistik: Anwendung, Technologien und Migration*. Springer Fachmedien: Wiesbaden.

Beckert, R. and Leiß, W. 2018. "Topstar in Langenneufnach-Intelligente Produktion mit smarten FTS", in Wagner, R. M. (ed.). 2018. *Industrie 4.0. für die Praxis. Mit realen mittelständischen Unternehmen und vielen umsetybaren Tipps*. Springer: Wisbaden, pp.269-280.

Kagermann H, Wahlster W, Helbig J. (eds.) 2013. *Umsetzungsempfehlungen für das Zukunftsprojekt Industrie 4.0*. Campus: Frankfurt a. M.

Stein, B. and Recaj, B. 2018. "Topstar in Langenneufnach-Aus-und Weiterbildung im digitalen Zeitalter", Wagner, R. M. (ed.). 2018. *Industrie 4.0. für die Praxis. Mit realen mittelständischen Unternehmen und vielen umsetybaren Tipps*. Springer: Wisbaden, pp.281-292.

Arbeitsministerium für Arbeit und Soziales, 2016. *Weißbuch Arbeiten 4.0*.

Autor, D. 2015. "Why are there still so many jobs? The History and Future of Workplace Automation", in *Journal of Economic Perspectives*, 29(3): 3-30.

Bainbridge, L. 1983. "Ironies of Automation", in *Automatica* 19(6): 775-779.

Bauer, G., Böhle, F., Munz, C., Pfeiffer, S., and Woicke, P. (2006). *Hightech-Gespür. Erfahrungsgeleitetes Arbeiten und Lernen in hoch technisierten Arbeitsbereichen*, Bielefeld.

Bauer, W. and Schlund, S. 2015. "Wandel der Arbeit in indirekten Bereichen-Planung und Engineering", in Hirsch-Kreinsen, H., Ittermann, P., Niehaus, J. (eds.). *Digitalisierung industrieller Arbeit. Die Vision Industrie 4.0 und ihre sozialen Herausforderungen*, Baden-Baden, pp. 53-70.

Benner, C. (ed.). 2015. *Crowdwork-zurück in die Zukunft? - Perspektiven digitaler Arbeit*, Frankfurt a. M.

Boos, D., Guenter, H., Grote, G., Kinder, K. 2012. "Controllable accountabilities: the internet of things and its challenges for organisations" in Behaviour & Information Technology 32(5): 449-467.

Botthof, A., Hartmann, E. A. (eds.). 2015. *Zukunft der Arbiet in Industrie 4.0*,

Belin/Heidelberg.

Buhr. 2015. *Soziale Innovationspolitik für die Industrie 4.0*. Expertise im Auftrag der Abt. Wirtschafts- und Sozialpolitik der Friedrich-Ebert-Stiftung. Bonn.

Bundesministerium für Arbeit und Soziales. 2016. Weißbuch Arbeiten 4.0.

Bundesministerium für Wirtschaft und Energie/ Bundesministerium für Bildung und Forschung. 2015. *Industrie 4.0-Made in Germany Information zum Start der Plattform Industrie 4.0*.

Dengler, K. and Mattehs, B. 2015. Folgen der Digitalisierung für die Arbeitswelt. Substituierbarkeitspotenziale von Berufen in Deutschland. IAB Forschungsbericht 11/2015. Nürnberg.

Frey C and Osborne, M. 2013. The Future of employment: how susceptible are jobs to computerisation? Oxford Martin School.

Goos, M. and Manning, A. 2007. "Lousy and Loverly Jobs: The Rising Polarization of Work in Britain", in *The Review of Economics and Statistics*, 89(1): 118-133.

Grote, G. 2015. "Gestaltungsansätze für das komplementäre Zusammenwirken von Mensch und Technik in Industrie 4.0", in Hirsch-Kreinsen, H., Ittermann, P., Niehaus, J. (eds.). 2015. *Digitalisierung industrieller Arbeit. Die Vision Industrie 4.0 und ihre sozialen Herausforderungen*, Baden-Baden, pp. 131-146.

Hirsch-Kreinsen, H. 2016. *Digitalisierung und Einfacharbeit*. Friedrich Ebert Stiftung.

Hirsch-Kreinsen, H., Ittermann, P., Niehaus, J. (eds.). 2015. *Digitalisierung industrieller Arbeit. Die Vision Industrie 4.0 und ihre sozialen Herausforderungen*, Baden-Baden.

Hirsch, Kreinsen, H., Hompel ten M., Ittermann, P., Dregger, J., Niehaus, J., Kirks, T., and Mättig. 2016. "Social Manufacturing and Logistics-Arbeit in der digitalisierten Production", in Wischmann, S. and Hartmann, E. A.(eds.). *Zukunft der Arbeit. - Eine praxisnahe Betrachtung*, Berlin. pp.

175-194.

Ittermann, P., and Niehaus, 2015. "Industrie 4.0 und Wandel von Indsutriearbeit", in Hirsch-Kreinsen, H., Ittermann, P., Niehaus, J. (eds.). 2015. *Digitalisierung industrieller Arbeit. Die Vision Industrie 4.0 und ihre sozialen Herausforderungen*, Baden-Baden, pp. 33-52.

Ittermann, P., Niehaus, J., Hirsch-Kreisen, H., Dregger, J., and Hompel, M. ten. 2016. *Social Manufacturing and Logistics. Gestaltung von Arbeit in der digitalen Produktion und Logistik*. Soziologisches Arbeitspapier no. 47. TU Dortmund.

Kagermann, H. 2014. "Chancen von Industrie 4.0 nutzen", in Bauernhansl, T., Hompel, M.t., Vogel-Heuser, B. (eds.). *Industrie 4.0 in Produktion, Automatisierung und Logistik. Anwendung, Technologien, Migration*, Wiesbaden. pp. 603-614.

Kinkel, S., Friedewald, M., Hüsing, B., Lay, G., and Linder, R. (eds.). 2008. *Arbeiten in der Zukunft-Strukturen und Trends der Indsutriearbeit*, Berlin.

Kuhlmann, M. and Schumann, M. 2015. "Digitalisierung erfordert Demokratisierung der Arbeitswelt heraus", in Hoffmann, R. and Bogedan, C. (eds.). *Arbeit der Zukunft. Möglichkeiten nutzen-Grenzen setzen*, Frankfurt a. M., pp. 122-140.

Leimeister, J. M., and Zogai, S. 2013. *Neue Arbeitsorganisation durch Crowdworking. Eine Literaturstudie*. Hans-Böckler-Stiftung. Arbeitspapier no. 287.

Lutz, B. 1987. "Das Ende des Technikdeterminismus und die Folgen", in Lutz. (ed.), *Technik und sozialer Wandel. Verhandlungen des 23. Deutschen Soziologentages*, Frankfurt am Main., pp. 34-57.

Pfeiffer, S., and Suphan, A. 2015. "Industrie 4.0 und Erfahrung-das Gestaltungspotential der Beschäftigten anerkennen und nutzen" in Hirsch-Kreinsen, H., Ittermann, P., Niehaus, J. (eds.). 2015. *Digitalisierung industrieller Arbeit. Die Vision Industrie 4.0 und ihre sozialen Herausforderungen, Baden-Baden*, pp. 203-228.

Polanyi, M. 1966. *The Tacit Dimension*, New York.

Vogler-Ludwig, K, Düll, N, and Krichel, B. 2016. *Arbeitsmarkt 2030 Wirtschaft und Arbeitsmarkt in digitalen Yeitalter Prognose 2016. Studie im Auftrag des Bundesministeriums für Arbeit und Soziales*, unter Mitarbeit von T. Vetter, W. Bertelsmann Verlag: Bielefeld.

Warning, A and Weber E. 2017. *Digitalisierung verändert die betrieblicher Personalpolitik*. IAB-Kurzbericht 12/2017. Nürnberg.

Windelband, L, Fenzl, C., Hunecker, F., Riehle, T., Spöttl, G., Städler, H., Hribernik, K., and Thoben, K. D. 2010. Zur Studie *"Qualifikationsanforderungen durch das Internet der Dinge in der Logistik"*, Bremen.

Wissenschaftlicher Beirat der Plattform Industrie 4.0. 2014. *Neue Chancen für unsere Produktion. 17 Thesen des Wissenschaftlichen Beirats der Plattform Industrie 4.0*. Berlin.

World Bank. 2016. *Digital Dividends*, Washington D.C.

Trist, E., and Bamforth, K. 1951. "Some Social and Psychological Consequences of the Longwall Method of Coal-Getting: An Examination of the Psychological Situation and Defencees of a Work Group in Relation to the Social Structure and technological Content of the Work System", in *Human Relations* 4(3): 3-38.

Zuboff, S. 1988. In the Age of the Smart Machine. The Furture of Work and Power. New York.

신문기사

The Economist. 2015. 'Digital Taylorism'. 2015.9.12.

아산재단연구총서

001 전환기의 중국경제
김윤환 외 | 단국대 경제학과

002 폴란드 경제의 변천 개혁과 그 전망
김광수 | 숭실대 경제학과

003 재소한인
이광규 외 | 서울대 인류학과

004 소련산림과 임업
홍성천 외 | 경북대 임학과

005 아세안의 정치경제
김국진 외 | 외교안보연구원

006 태국의 사회변동과 경제발전
최석만 외 | 전남대 사회학과

007 중국의 사회경제 통계분석
신한풍 외 | 고려대 통계학과

008 중국의 정치와 경제
박두복 외 | 외교안보연구원

009 동유럽의 개혁과 시장경제의 도입
허만 외 | 부산대 사범대학

010 동유럽의 개혁운동
박영신 | 연세대 사회학과

011 현대 러시아 연구
기연수 외 | 한국외대 노어과

012 전략적 선택과 기업의 국제경쟁력
이장호 | 서강대 경영대학

013 협동사회의 정착과 정부의 역할
이종범 외 | 고려대 행정학과

014 한국 제조기업 생산성의 동적 분석
노부호 외 | 중앙대 경영대학

015 분배의 정의
변형윤 외 | 서울대 경제학과

016 도덕적 행동의 강화
이훈구 외 | 연세대 심리학과

017 관료부패와 통제
김해동 외 | 서울대 행정대학원

018 한국경제의 내실 있는 성장
정창영 외 | 연세대 경제학과

019 한국국민정신운동의 역사와 발전방향
박수명 외 | 부산대 사범대학

020 한국대학생의 가치성향과 상담효과
이영희 외 | 숙명여대 교육학과

021 가출청소년과 학교관리체제
안창규 외 | 부산대 교육학과

022 동북아 정세변화와 한 · 일관계
한승조 외 | 고려대 정치외교학과

023 언론과 부정부패
정대철 외 | 한양대 신문방송학과

024 한국의 고등학교 교육
이원호 외 | 부산대 교육학과

025 가족과 방송
김학수 외 | 서강대 신문방송학과

026 재정개혁의 전망과 재산세제의 개편과제
오연천 | 서울대 행정대학원

027 청소년을 위한 전자게임 프로그램의 규제 및 평가체계 개발
박혜원 외 | 울산대 가정관리학과

028 정신장애자 가족의 사회심리적 특성
이근후 외 | 이화여대 의과대학

029 가족의 관계역동성과 문제인식
이광규 외 | 서울대 인류학과

030 현대인과 한국전통음식
승정자 | 숙명여대 식품영양학과

031 기업의 초고속정보통신망활용
안중호 | 서울대 경영학과

032 지역발전을 위한 교육자치제의 개선방안
김남순 | 조선대 사범대학

033 전환기의 공무원 가치관
조경호 | 울산대 행정학과

034 지방자치와 사회복지의 과제
김영모 | 중앙대 사회복지학과

035 WTO체제하의 지방중소기업 지원정책
최명주 외 | 계명대 통상학부

036 현대한국의 시민운동
이효선 | 중앙대 사회학과

037 기업 세계화의 단계 및 정도의 측정
허영도 외 | 울산대 경영학과

038 가족복지를 위한 가족주치의 시범사업의 효과
이혜리 외 | 연세대 가정의학교실

039 한국대학생의 삶의 만족도
김재은 외 | 이화여대 교육심리학과

040 지역경제와 지역산업구조의 개편방향
정기화 외 | 전남대 경제학부

041 중국기업의 소유형태별 경영특성
노철화 외 | 부산대 무역학과

042 남북한의 인성 · 사상교육
한승조 외 | 고려대 정치외교학과

043 연계적 뇌기능 조언을 위한 의료용 멀티미디어 시스템의 설계
유선국 | 연세대 의용공학교실

044 다민족국가의 민족문제와 한인사회
최협 외 | 전남대 인류학과

045 저소득층지역 청소년 여가문화와 소집단 활성화
박문수 외 | 서강대 사회학과

046 삶의 질의 국제비교와 지역간 비교분석
이재기 외 | 울산대 경제학과

047 21세기 지역주민의 삶의 질
양종회 외 | 성균관대 사회학과

048 삶의 질에 대한 국가간 비교
조명한 외 | 서울대 심리학과

049 외국인 노동자의 노사관계와 사회적 적응
석현호 외 | 성균관대 사회학과

050 한국의 사법제도와 발전 모델
정종섭 | 건국대 법학과

051 고령화사회와 중상층 노인의 사회활동
조성남 외 | 이화여대 사회학과

052 한국의 서비스 시장 개방정책
한홍렬 | 한양대 경제학부

053 한국과 AFTA간의 교역증진 및 경제 협력방안
손일태 외 | 경희대 경제통상학부

054 물류비 절감을 위한 무역업체의 정보화전략
이영수 외 | 경북대 경제통상학부

055 사회주의 체제전환과 사회정책
오정수 외 | 충남대 사회복지학과

056 남북통일 이후 농업생산체계 개편
홍성규 외 | 건국대 농업경제학과

057 국제화와 세계화
하영선 외 | 서울대 외교학과

058 IMF 개혁정책의 평가와 한국경제의 신(新) 패러다임
조동근 | 명지대 경제학과

059 구조개혁과 실업대책
박동운 | 단국대 경제무역학부

060 21세기 신노사관계
심윤종 외 | 성균관대 사회학과

061 학교에서의 집단 따돌림
이춘재 외 | 가톨릭대 심리학과

062 한국노인의 정신건강실태와 건강증진
조맹제 외 | 서울대 의과대학

063 혁명과 개혁 속의 중국 농민
김광억 | 서울대 인류학과

064 중국의 경제환경과 한국기업의 진출 전략
지용희 외 | 서강대 경영학과

065 김대중 대통령의 시스템 사고
김동환 | 중앙대 공공정책학부

066 실업과 가족해체
최일섭 외 | 서울대 사회복지학과

067 합리적 부채비율 조정방안
오상근 | 동아대 경제학과

068 한국 중산층의 생활문화
문숙재 외 | 이화여대 소비자 · 인간발달학과

069 계층간 갈등상태에서 최적소득세
김진욱 | 건국대 경상학부

070 글로벌 경쟁력 제고를 위한 기업전략과 조직구축
이만우 외 | 고려대 경영학과

071 의료보험과 국민연금의 관리효율화를 위한 통합방안
사공진 외 | 한양대 경제학부

072 정부개혁의 과제와 전략
박우서 외 | 연세대 행정학과

073 책임운영기관 제도에 관한 비교분석
김근세 | 가톨릭대 행정학과

074 새로운 패러다임하에서의 한국기업의 바람직한 지배구조
최운열 외 | 서강대 경영학과

075 현대 한국사회의 계층구조
양춘 외 | 고려대 사회학과

076 한국의 산업정책과 산업구조조정
강인수 | 숙명여대 경제학부

077 기업구조조정
김석진 | 경북대 경영학부

078 지식경영을 위한 인적자원 개발 및 관리체계
장영철 | 경희대 경영학부

079 뉴 비즈니스 모델
전성현 | 국민대 정보관리학부

080 중산층의 정체성과 소비문화
함인희 외 | 이화여대 사회학과

081 외국관광객 유치를 위한 마케팅 전략
박상규 | 강원대 경영학과

082 한국인의 세대별 문학의식
이동순 | 영남대 국문과

083 공공부문의 효율성 평가와 측정
김재홍 외 | 울산대 사회과학부

084 한국 청소년의 정치의식과 형성요인
김광웅 외 | 숙명여대 아동복지학과

085 한국 대학생의 정치의식
배한동 | 경북대 윤리교육과

086 산업의 정보화와 산업발전
이기동 | 계명대 통상학부

087 한국 제조업의 고용조정 분석
이종원 외 | 성균관대 경제학부

088 지식자산에 대한 경영전략적 평가모형 개발
배재학 외 | 울산대 컴퓨터 · 정보통신공학부

089 관광사업을 위한 한국적 이미지의 휴식복 개발
채금석 | 숙명여대 의류학과

090 한국 정치제도의 개혁
신정현 | 경희대 사회과학부

091 e비즈니스와 아웃소싱 전략
정승화 외 | 연세대 경영학과

092 집단 따돌림의 진단 및 치료방안
홍준표 | 중앙대 인간생활환경학과

093 16대 총선과 낙선운동
조기숙 | 이화여대 국제대학원

094 부동층 유권자 행태 분석
진영재 | 연세대 정치외교학과

095 사이버 공동체의 성공요인
이재관 | 숭실대 경영학부

096 온라인 소비자 행동의 이론과 실증
윤성준 | 경기대 경영학부

097 글로벌 시대 정약용 세계관의 가능성과 한계
차성환 | 한일장신대 역사사회학과

098 러시아의 체제전환 과정에서 나타난 국가의 역할과 그 전망
이상민 외 | 부산대 정치외교학과

099 남북한의 경제발전 수준과 산업구조 비교, 그리고 경제교류 협력방향
주성환 | 건국대 경제학과

100 집단따돌림과 교육해체
한준상 | 연세대 교육학과

101 공적연금제도의 효율성과 개선방안
유금록 | 군산대 행정복지학부

102 벤처기업-대기업의 성공적인 협력 모델
나중덕 | 경산대 경영학과

103 북한의 재외동포정책
조정남 외 | 고려대 정치외교학과

104 사이버 공동체 형성의 역동적 모형
장용호 | 서강대 신문방송학과

105 기업이론과 기업의 소유지배구조
김일태 외 | 전남대 경제학부

106 가축분뇨 자원화를 위한 공동이용 조직에 대한 농가선호도 분석
유덕기 | 동국대 생명자원경제학과

107 개혁정책과 전문가 집단
이경원 외 | 제주대 행정학과

108 현대 한국사회의 이중가치체계
신수진 외 | 이화여대 가정관리학과

109 한국의 산업구조 변화와 기업집단 다각화 전략
김용학 외 | 연세대 사회학과

110 지식정보사회의 경제적 모형 설정 및 사례 연구
김범환 | 배제대 경영정보학부

111 변호사징계제도
오종근 | 한림대 법학부

112 인터넷 특허법
김순석 | 광주대 법학과

113 e-비즈니스 시대의 금융 및 재정정책의 새로운 패러다임
이종욱 | 서울여대 경제학과

114 청소년의 하위문화와 정체성
조성남 | 이화여대 사회학과

115 디지털금융시대의 금융구조변화와 정부규제 및 정책
이충열 | 고려대 경제학부

116 지식경영을 위한 기업의 조직설계방안
김경수 외 | 전남대 경영학과

117 전자금융의 발달과 경제정책의 새로운 패러다임
이명훈 | 명지대 경제학과

118 동아시아의 안보와 유엔체제
강성학 편저 | 고려대 정치외교학과

119 유료 치매노인 그룹홈의 개발과 관련 정책
최정신 외 | 가톨릭대 소비자 · 주거학과

120 소비자 지향적 문화산업 정책
홍영준 | 호남대 광고홍보학과

121 국제 · 국가 · 지방 환경규제의 연계
정준금 외 | 울산대 행정학과

122 현행 회사 합병 · 분할제도의 평가와 개선방안
옥무석 외 | 이화여대 법학과

123 배려지향적 도덕성과 정의지향적 도덕성
정옥분 외 | 고려대 사범대학

124 기업구조조정에 대한 채권금융기관 및 금융감독기관의 역할과 책임
이중기 | 한림대 법학과

125 실업대책으로서 한국의 법정기준근로 시간 단축
박영범 | 한성대 경제학과

126 프랑스어의 비분리성 소유개념 표현
노윤채 | 연세대 언어정보연구원

127 지방채의 효율적 관리방안
강태구 | 호원대 법행정학부

128 21세기 산업구조 변화와 과학기술정책
임채성 외 | 그리스도신학대 경영정보학부

129 인터넷 쇼핑몰 이용자의 불평행동
예종석 | 한양대 경영학부

130 한국기업의 성과급제도 현황, 효과 및 개선방안
김성수 | 서울대 경영학과

131 전자상거래와 소비자보호
서민교 외 | 경일대 인터넷국제통상학과

132 평생학습 사회에서의 인적자원개발을 위한 사회적 파트너십 구축
김영화 | 홍익대 교육학과

133 한국 공교육의 새로운 구상과 전략
권대봉 외 | 고려대 교육학과

134 한국의 정부개혁
김태룡 | 상지대 행정학과

135 지방정부 생산성 측정의 이론과 실제
이은국 외 | 연세대 행정학과

136 불가 시문학론
배규범 | 경희대 학술연구 교수

137 남북경제교류의 법적 문제
제성호 | 중앙대 법학과

138 경제위기와 청소년 발달
구인회 | 서울대 사회복지학과

139 생명과학기술의 응용과 기본권보호적 한계
정상기 외 | 한남대 법학과

140 경제발전과 정치환경의 한 · 일 비교분석
정갑영 외 | 연세대 동서문제연구원

141 한국 공교육의 진단
윤정일 외 | 서울대 교육학과

142 우리나라 지방자치 발전을 위한 자치단체장의 역할
정성호 외 | 경기대 사회과학부

143 의료보험제도의 개혁방안
권순원 | 덕성여대 경제학과

144 중등 도덕교육의 현실과 문제
손동현 외 | 성균관대 철학과

145 사이버공동체 발전론
이명식 | 상명대 경영학과

146 남북경협 확대에 대비한 북한 담보제도의 정비방안
박훤일 | 경희대 법과대학

147 한국 공무원 인사제도 개혁
김판석 | 연세대 행정학과

148 교사화법 교육
임칠성 외 | 전남대 국어교육과

149 세계화의 문화정치학
임혁백 외 | 고려대 정치외교학과

150 효과적인 e-SCM을 위한 의사결정조정 시스템 모형
이원준 | 성균관대 경영학부

151 환경거버넌스
김종순 외 | 건국대 행정학과

152 자동차산업의 인적자원관리
이덕로 | 서원대 경영학부

153 한국과 영국 간 지식기반산업 비교
이명호 | 한국외대 경영학과

154 한국 벤처기업의 기술네트워킹 및 기술마케팅 전략
장영일 | 인제대 경영학부

155 회사변호사의 윤리
오승종 | 성균관대 법과대학

156 미디어교육론
이정춘 | 중앙대 신문방송학과

157 조선시대 서원과 양반
윤희면 | 전남대 역사교육과

158 환경문제와 철학
박찬국 | 서울대 철학과

159 노인보건복지 이론과 실제
김명 외 | 이화여대 보건교육학과

160 북한의 법체계
권재열 외 | 숭실대 법학과

161 생명공학기술의 안전성 확보에 관한 법적 고찰
이재협 | 경희대 법학부

162 청소년복지학
김성이 외 | 이화여대 사회복지학과

163 변화하는 세계, 변화하는 복지국가
조영훈 | 동의대 사회복지학과

164 의리의 윤리와 한국의 유교문화
김낙진 | 진주교대 도덕교육과

165 미국의 통상정책과 통상법
윤충원 | 전북대 무역학과

166 사회복지 프로그램 평가
김학주 | 경상대 사회복지학과

167 환경주의와 지속가능한 발전
정대연 | 제주대 사회학과

168 무역과 환경
김기홍 외 | 경기대 경제학부

169 산업계 유해폐기물의 위험과 관리
김금수 | 호서대 경상학부

170 백범 김구의 지적 계발과정 탐색
문용린 | 서울대 교육학과

171 태평양전쟁 발발 이후 일제의 인적 지배와 그리스도교계의 대응
윤선자 | 전남대 사학과

172 거버넌스 상황에서 갈등관리를 위한 대체적 분쟁해결제도
서순복 | 광주대 법정학부

173 시장경제의 유형과 민주주의
최배근 | 건국대 경상학부

174 일본고전소설 총론
김현정 | 국립한국전통문화학교

175 국어 교육을 위한 국어 문법론
이관규 | 홍익대 국어교육과

176 율곡의 군주론
전세영 | 부산교대 윤리교육과

177 동북아시아 환경협력
정서용 | 명지대 법학과

178 기후변화협약과 기후정책
신의순 외 | 연세대 경제학과

179 인터넷과 국제 학술정보 네트워크-하이퍼링크 분석
박한우 | 영남대 언론정보학과

180 국내 기업복지의 활성화 방안
최수찬 | 연세대 사회복지대학원

181 세계화와 인간안보
김우상 외 | 연세대 정치외교학과

182 세계문화유산 종묘 이야기
지두환 | 국민대 국사학과

183 한국 평생교육의 사회철학적 과제
곽삼근 | 이화여대 교육학과

184 강점모델
정순둘 | 이화여대 사회복지학과

185 글로벌시대의 계약법
박영복 | 한국외대 법과대학

186 배심제와 시민의 사법참여
안경환 | 서울대 법학과

187 동북아공동체
김재한 | 한림대 정치외교학과

188 정치 참여와 탈물질주의
김욱 | 배재대 정치외교학과

189 퍼지전문가회로망을 이용한 금융기관의 사이버 기업여신결정 지원시스템의 개발
권혁대 | 목원대 경영학과

190 환경정책과 환경법
송인성 | 전남대 지역개발학과

191 포스트모던 시대의 평생교육학
한숭희 | 서울대 교육학과

192 현대 한국인의 세대경험과 문화
박길성 외 | 고려대 사회학과

193 서구의 근로연계복지
김종일 | 건국대 사회복지학과

194 사회복지운동론
현외성 | 경남대 사회복지학과

195 외국의 역모기지 사례
유선종 | 건국대 부동산학과

196 옛이야기와 어린이문학
이지호 | 진주교대 국어교육학과

197 노인사회복지관광의 정책과제와 방안
김창수 | 경기대 관광학부

198 복지서비스의 민간위탁 시스템 분석
김순양 | 영남대 행정학부

199 새로운 빈곤층의 대두와 정부의 정책과제
김진욱 | 건국대 경제학과

200 문화행정론
김정수 | 한양대 행정학과

201 스칸디나비아 노인용 코하우징의 계획과 적용
최정신 외 | 가톨릭대 생활과학부

202 북한의 자연생태계
공우석 | 경희대 지리학과

203 통계로 이해하는 러시아
전홍찬 | 부산대 정치외교학과

204 사회복지법인의 경영과 회계
이동규 | 충남대 회계학과

205 의약분업 정책과정
차흥봉 | 한림대 사회복지학과

206 지역공동체와 평생교육
오혁진 | 동의대 평생교육학부

207 아동보호서비스의 실제
한미현 | 백석대 사회복지학부

208 그린마케팅
박재기 | 충남대 경영학부

209 아동권리와 아동복지
이혜원 | 성공회대 사회복지학과

210 국제 이주와 인도인 디아스포라
김경학 | 전남대 인류학과

211 질병과 의료의 사회학
조병희 | 서울대 보건대학원

212 북한이탈주민의 사회통합을 위한 지역복지실천의 모색
이기영 | 부산대 사회복지학과

213 치매노인케어론
조유향 | 초당대 간호학과

214 노인상담입문
서혜경 외 | 한림대 대학원 사회복지학과

215 '통일 이후 통일과정'으로서의 독일 통일영화
이준서 | 이화여대 독어독문학과

216 중국의 사회보장
오정수 | 충남대 사회복지학과

217 환경자원의 경제적 가치와 환경오염의 사회적 비용
김재홍 | 울산대 사회과학부

218 사회복지프로그램의 경제적 평가방법
박창제 외 | 상주대 사회복지학과

219 자유의지와 결정론
안건훈 | 강원대 철학과

220 심리학자들이 쓴 행복한 결혼의 심리학
채규만 외 | 성신여대 심리학과

221 현대 해석학 강의
양해림 | 충남대 철학과

222 한국인의 주거 빈곤과 공공주택
하성규 | 중앙대 도시및지역계획학과

223 IMF 경제위기와 한국 출산력의 변화
김두섭 | 한양대 사회학과

224 동아시아의 영토분쟁과 국제법
이석우 | 인하대 법학부

225 독일 복지국가와 사회복지서비스
정재훈 | 서울여대 사회사업학과

226 사회복지사를 위한 실용 비모수통계
엄명용 | 성균관대 사회복지학과

227 피해자학 연구
이윤호 | 동국대 경찰행정학과

228 광고언어창작론
박영준 외 | 부경대 국어국문학과

229 환경규제 패러다임의 전환
한철 | 한남대 법학과

230 고령사회의 노동환경변화와 고용 시스템의 문제점 및 법적 대응
고준기 | 국립군산대 법학과

231 세계화와 소득불평등
이성균 외 | 울산대 사회과학부

232 유비쿼터스 사회의 이해
안중호 외 | 서울대 경영학과

233 국제환경책임법론
박병도 | 건국대 법학과

234 한국의 선거와 민주주의
윤종빈 | 명지대 정치외교학과

235 한국 시민운동의 구조와 동학
조대엽 외 | 고려대 사회학과

236 또래관계
송영혜 | 대구대 재활심리학과

237 해외 한국기업과 현지인 노동자
석현호 외 | 에스코이아학술문화재단

238 독일 국가복지에서 민간복지단체의 역할과 의미
차성환 외 | 한일장신대 사회복지학부

239 청정공학
조정호 | 동양대 생명화학공학과

240 한국전통연희론
심상교 | 부산교육대 국어교육학과

241 정신장애와 가족
서미경 | 경상대 사회복지학부

242 빈곤통계의 작성과 활용
김주환 | 동국대 정보통계학과

243 인터넷과 한국정치
강원택 | 숭실대 정치외교학과

244 북한의 시장경제이행
정영화 외 | 서경대 법학과

245 시스템사고로 본 지속가능한 도시
문태훈 | 중앙대 도시및지역계획학과

246 실버산업과 유비쿼터스 컴퓨팅
고일상 | 전남대 경영학부

247 재활상담과 사례관리
나운환 | 대구대 직업재활학과

248 영유아교육기관에서의 장애 이해 교육
유수옥 | 우석대 유아특수교육과

249 장애의 사회적 의미와 사회통합
박수경 | 대진대 사회복지학과

250 경제분석의 수리적 기초
조인성 | 공주대 경제통상학부

251 비영리부문의 비교연구
김승현 | 서울산업대 행정학과

252 고등교육경제학
반상진 | 전북대 교육학과

253 과학윤리교육의 이론과 방법
조희형 | 강원대 과학교육학부

254 결혼이민자가족의 이해
김오남 | 대불대 사회복지학과

255 동아시아 국가의 공공부조
신동면 | 경희대 사회과학부

256 특수아동 진단 및 평가
이나미 | 대불대 특수교육과

257 계약형 사회복지와 권리옹호시스템
이명현 | 경북대 상주캠퍼스 사회복지학과

258 실내공기질 및 위해성 관리
양원호 | 대구가톨릭대 산업보건학과

259 충남 방언 문법
한영목 | 충남대 국어국문학과

260 교육권론
노기호 | 군산대 법학과

261 도시경관계획론
임승빈 | 서울대 조경 · 지역시스템공학부

262 교통의 새로운 패러다임
김형철 | 경원대 도시계획 · 조경학부

263 노인의 삶의 질 향상을 위한 주거환경 디자인
천진희 | 상명대 디자인대학 실내디자인전공

264 사회복지와 문화
박병현 | 부산대 사회복지학과

265 장애인복지의 이론과 실제
이선우 | 인제대 사회복지학과

266 창의성 개발을 위한 디자인교육 콘텐츠
김선영 | 인천가톨릭대 조형예술대학 환경디자인학과

267 구성주의 사회복지 실천 기술론
고미영 | 서울신학대 사회복지학과

268 장애아교육학
김기흥 | 부산교육대 유아교육과

269 지역사회복지와 자원부문
한상진 외 | 울산대 사회학과

270 환경관리회계
육근효 | 부산외국어대 회계학부

271 인권 관점에서 보는 장애인복지
유동철 | 동의대 사회복지학과

272 정신증상
송지영 | 경희대 의과대학병원 신경정신과

273 사이버공간의 사회심리학
이성식 외 | 숭실대 정보사회학과

274 노인에 대한 사회적 돌봄과 돌봄서비스의 질 보장
최희경 | 신라대 가족노인복지학과

275 아동 심리치료의 실제
신현균 | 전남대 심리학과

276 사회복지와 위험관리
노충래 | 이화여대 사회복지전문대학원

277 국제 탄소시장의 이해
양승룡 | 고려대 식품자원경제학과

278 타자의 초상
신문수 | 서울대 영어교육과

279 한국정치와 환경정치
나정원 | 강원대 정치외교학과

280 북한이주민
윤인진 | 고려대 사회학과

281 음주의 사회경제적 비용
정우진 외 | 연세대 보건대학원

282 지방정치와 동북아 도시거버넌스
박재욱 | 신라대 행정학과

283 노숙인 복지론
남기철 | 동덕여대 사회복지학과

284 유럽통합과정과 지역협력
이규영 | 서강대 국제대학원

285 사회복지재정 연구
지은구 | 계명대 사회과학대학 사회복지학과

286 지역사회 교육개혁을 위한 시민사회 조직의 참여
김영화 | 홍익대 교육학과

287 복지사회를 대비한 국민연금의 구조개혁
박영석 외 | 서강대 경영학부

288 한미 FTA 지재권 협상에 따른 의약품 분야 사회후생 변화
오근엽 | 충남대 무역학과

289 산업입지, 환경 그리고 지역경제
이기동 외 | 계명대 국제통상학과

290 감성지능 개발을 통한 삶의 질 향상
김경수 외 | 전남대 경영학부

291 교육복지론
이용교 외 | 광주대 사회복지학부

292 인간과 행복에 대한 철학적 성찰
박찬국 | 서울대 철학과

293 유럽연합의 사회통합 사례와 교훈
이무성 | 명지대 정치외교학과

294 민영화와 사회후생
이상호 | 전남대 경제학부

295 북한의 교육학 체계 연구
최영표 외 | 동신대 교육대학원

296 한국 지속가능발전의 구조와 변동
정대연 | 제주대 사회학과

297 우리나라의 공익 연계 마케팅에 관한 연구
임승희 | 전주대 경영학부

298 시각장애인복지론
김영일 | 조선대 특수교육과

299 그린에너지와 환경촉매
정석진 | 경희대 화학공학과

300 취약학교 초등학생을 위한 온라인 보건교육 프로그램
박경옥 | 이화여대 보건관리학과

301 신탁제도를 통한 고령자의 보호와 지원
최수정 | 서강대 법학전문대학원

302 사회적 약자계층에 대한 실태분석 및 정책방안
이은우 외 | 울산대 경제학과

303 한류 문화와 동북아 공동체
최혜실 | 경희대 국어국문학과

304 노동유연화와 해고보호법
권혁 | 부산대 법학전문대학원

305 사회복지 위험관리의 이해
박미은 | 한남대 사회복지학과

306 의료기관의 회계와 세무
노준화 | 충남대 경영학부

307 여성인적자원의 전문성 확보를 위한 경력개발
백지연 | 이화여대 국제사무학과

308 정신병리
강선경 | 서강대 신학대학원

309 바다의 반란 적조
윤양호 | 전남대 해양기술학부

310 한국 장애인 복지 발달사
이성규 | 서울시립대 사회복지학과

311 서양예술 속의 동양 탐색
진상범 | 전북대 독어독문학과

312 한국인의 도덕성 발달 진단
문용린 | 서울대 교육학과

313 영국정치와 국가복지
고세훈 | 고려대 공공행정학부

314 인간학적 사유를 여는 중도 · 중복장애 교육학
이숙정 | 단국대 특수교육과

315 개별화 교육과정
이소현 | 이화여대 특수교육과

316 인간의 긍정적 성품
권석만 | 서울대 심리학과

317 지방자치와 지역여성의 전망
이혜숙 | 경상대 사회학과

318 한국 현대 노년소설 연구
전흥남 | 한려대 교양학부

319 정보격차 해소를 위한 창의적 정보교육 프로그램
이영준 외 | 한국교원대 컴퓨터교육과

320 한국 가족과 젠더
손승영 | 동덕여대 교양학부

321 한국의 복지혼합
김진욱 | 서강대 신학대학원

322 사회자본과 자원봉사
김태룡 외 | 상지대 행정학과

323 농촌교육복지연구
박삼철 | 단국대 교양학부

324 사회정체성 평가 차원에 대한 국제비교조사
이명진 | 고려대 사회학과

325 캐나다 복지국가 연구
조영훈 | 동의대 사회복지학과

326 한국의 소수자운동과 인권정책
전영평 외 | 서울대 행정대학원

327 한국과 미국의 보육서비스 전달체계와 품질 비교분석
김근세 외 | 성균관대 국정관리대학원

328 한국사회의 소득불평등과 국민 의료이용
이용재 | 호서대 사회복지학과

329 정보시대의 인간안보
조화순 | 연세대 정치외교학과

330 가족의 사회경제적 특성과 아동발달
김광혁 | 전주대 사회복지학과

331 초 · 중 · 고등학생의 학업소진 진행과정 및 경로분석
이상민 | 고려대 교육학과

332 다문화사회의 사법통역
이지은 | 이화여대 통역번역대학원

333 동아시아 지역주의
유현석 | 경희대 정치외교학과

334 환경친화적 공공시설관리와 지역공동체의 삶의 질
이소영 | 중앙대 실내디자인 · 주거환경학과

335 의료보험의 법정책
김나경 | 성신여대 법과대학

336 양극화 시대 가족해체와 청소년의 적응에 관한 한국과 미국의 비교 연구
오승환 외 | 울산대 사회복지학과

337 기업의 사회적 책임과 지역경제사회 발전 연구
허영도 외 | 울산대 경영학부

383 노인요양원과 문화 변화
최재성 | 연세대 사회복지학과

384 시민사회와 국제개발협력
손혁상 | 경희대 공공대학원

385 복지국가의 변화와 빈곤정책
김윤태 | 고려대 사회학과

386 다문화가정의 미디어 이용과 사회적 자본의 관계
진창현 | 경기대 경영학과

387 사회진출 대졸 초년생의 탄력성 변화 양상
이상민 | 고려대 교육학과

388 사회자본과 경제발전 그리고 정부의 질
도수관 | 대구가톨릭대 행정학과

389 망명과 귀환이주
서장원 | 고려대 독일문화학과

390 근거기반실천과 사회복지
김유진 | 경북대 사회복지학부

391 인터넷상 정보 유통에 대한 새로운 저작권 규율 방향 모색
박준석 | 서울대 법학전문대학원

392 한국 사회의 인종차별적 담화구조
이창수 | 한국외대 통역번역대학원

393 사회복지사의 사회복지 가치 지향
김용석 | 가톨릭대 사회복지학과

394 개인정보의 국제적 유통에 따른 법적 문제와 대책
박훤일 | 경희대 법학전문대학원

395 정신장애인의 인권
서미경 | 경상대 사회복지학과

396 취약계층 비만청소년들의 체중관리를 위한 건강증진 프로그램의 효과
김영호 | 서울과학기술대 스포츠과학과

397 한국 전통의 돈의 문학사, 나눔의 문화사
서신혜 | 한양대 창의 · 융합교육원

398 와이파이 공간과 모바일 정보 격차
이건학 | 서울대 사회과학대학

399 도시정비사업의 법적 쟁점과 해설
성중탁 | 경북대 법학전문대학원

400 사회서비스 제공기관의 조직요인과 성과
신창환 | 경북대 사회복지학부

401 도시 사운드스케이프 디자인
전진용 외 | 한양대 건축공학부

402 지방의회 의원윤리연구
김택 | 중원대 경찰행정학과

403 발달장애인 자립생활 증진을 위한 역량탐색 및 주거로서의 해결과제
김라경 | 광주교육대 교육학과

404 외국인고용제도개선과 인권
김상호 외 | 경상대 법과대학

405 사회복지연구에서 질적방법과 분석
김인숙 | 가톨릭대 사회복지학과

406 현대미술에서의 예술적 성장과 창의적 인재양성
백경미 | 울산과학기술원 기초과정부

407 현대인의 삶과 문화예술교육
곽삼근 | 이화여대 교육학과

408 문화적 배경과 체화된 인지
민동원 | 단국대 경영학부

409 아동 섭식행동평가 척도 표준화 및 섭식문제 현황 조사
정경미 | 연세대 심리학과

410 잊혀질 권리: 이상과 실현
문재완 | 한국외대 법학전문대학원

411 인권의 지역화: 일상생활의 인권 증진을 위하여
김중섭 | 경상대 사회학과

412 다문화 시대 이주민의 한국어 의사소통
민병곤 외 | 서울대 국어교육과

413 다문화 시대의 문화교육 커리큘럼
윤여탁 외 | 서울대 국어교육과

414 다문화 시대의 통일교육
박성춘 외 | 서울대 윤리교육과

415 다문화 시대 사회 통합을 위한 시민 교육
이진석 외 | 부산대 일반사회교육과

416 다문화 관련 법률 및 제도
박성혁 외 | 서울대 사회교육과

417 생태복원의 인문학적 상상력
김성도 외 | 고려대 언어학과

418 다국내 출생 다문화가정 청소년의 아픔과 분투: 사회적 차별로부터의 회복과 성장
서영석 | 연세대 교육학과

419 종교심리학의 이해: 죽음인식의 논의를 중심으로
김재영 | 서강대 종교학과

420 글로벌 시대의 사회통합: 세계적 추세와 한국의 위상
장용석 외 | 연세대 행정학과

421 소규모 사회적기업과 소셜미디어 마케팅
박철 | 고려대 글로벌비즈니스대학

422 동아시아 가면극의 역사와 전승양상
전경욱 | 고려대 국어교육과

423 무엇이 우리를 행복하게 하는가?
구교준 외 | 고려대 행정학과

424 디지털 중독의 이해와 대응 방안
오원석 외 | KAIST 경영대학

425 지속가능발전목표(SDG) 시대 한국의 복지와 행복지표 측정
한준 외 | 연세대 사회학과

426 지방정부 간 사회복지 불균형과 시민 행복
장용석 외 | 연세대 행정학과

427 일 · 여가의 변화와 행복 복지
유홍준 외 | 성균관대 사회학과

428 가족시간과 삶의 질
이윤석 외 | 서울시립대 도시사회학과

429 사회복지사의 유데모니아: 사회복지의 가치와 보람, 그리고 행복
송인한 외 | 연세대 사회복지대학원

430 행복을 위한 움직임
안문경 | 국민대 교양대학

431 읽기 장애 조기 선별검사의 측정학적 적합성 연구
여승수 | 부산교육대 유아교육학과

432 문화적 다양성과 창의성: 심리학적 관점
장재윤 | 서강대 심리학과

433 내일의 종언(終焉)? 가족자유주의와 사회재생산 위기
장경섭 | 서울대 사회학과

434 산림공유자원관리로서 금송계 연구
배수호 외 | 성균관대 행정학과

435 한국 경제발전의 문화적 기원: 추격성장, 발전국가 그리고 문화적 혼종성
김명수 | 한양대 정보사회학과

436 4차 산업혁명의 일자리 진화
이민화 | KAIST 미래전략대학원

437 금융 분야에 있어서 4차 산업혁명 시대와 일자리 대책
고동원 | 성균관대 법학전문대학원

438 경제의 디지털화와 노동의 미래: 독일 산업 4.0을 중심으로
임운택 | 계명대 사회학과

439 4차 산업혁명과 고등교육 개혁
김민희 외 | 대구대 교직부

440 4차 산업혁명과 일자리 정책의 미래
권혁 외 | 부산대 법학전문대학원

아산재단연구보고서

001 한국인의 도덕성 연구
배해수 | 고려대 국문학과

002 산업화와 청소년 진로
이원호 | 울산대 교육학과

003 공동체의식과 시민운동
김영섭 | 한양대 행정학과

004 한국청년의 삶의 의미 충족도와 만족적 태도
안정수 | 경희대 철학과

005 중국조선족의 사회발전과 한 · 중관계의 위상
손장권 | 고려대 사회학과

006 해송림 "솔껍질깍지벌레"의 천적 및 주요 종의 생태
김규진 | 전남대 농생물학과

007 사회정의와 실천윤리
박종대 | 서강대 철학과

008 동구개혁의 영향
김달중 | 연세대 정치외교학과

009 한국청소년의 의식세계
김문조 | 고려대 사회학과

010 고강도 철근 콘크리트 구조의 실용화
정헌수 | 중앙대 건축학과

011 신기술의 연관형태 및 출현예측의 구조모형
권철신 | 성균관대 산업공학과

012 민간기업의 연구개발을 위한 조세정책
권영훈 | 한양대 경제학부

013 기술개발 활성화방안
송승구 | 울산대 화학공학부

014 부패의 현상과 진단
이문조 | 영남대 정치외교학부

015 연구투자의 지역적 편중화와 부산지역의 기초과학연구 활성화방안
윤웅찬 | 부산대 화학과

016 GATT의 신구 덤핑방지협정과 그 대응 방안
전창원 | 동국대 무역학과

017 한국사회의 도덕성 제고를 위한 진단과 처방
황경식 | 서울대 철학과

018 새로운 노사관계 방향
이진규 외 | 고려대 경영학과

019 21세기 동북아 정세예측과 한국의 전략적 대응방안
최평길 외 | 연세대 행정학과

020 소련의 한국에 대한 정책목표분석
신승권 | 한양대 정치외교학과

021 메모리 커패시터용 $Pb(Zr_xTi_{1-x})O_3$ 강유전체 박막의 제작과 특성
장지근 외 | 단국대 전자공학과

022 러시아 국제법학의 전통
김용구 | 서울대 외교학과

023 유럽연합의 현황과 전망
김동현 외 | 성균관대 행정학과

024 중국의 정치동원
송영우 외 | 건국대 정치외교학과

025 산업적 활용을 위한 이동로보트 시스템의 개발
박민용 외 | 연세대 전자공학과

026 중국조선족의 정치사회화과정과 동화적 국민통합의 방향
전인영 외 | 이화여대 사회생활학과

027 공적부조의 이론과 실제
최일섭 외 | 서울대 사회복지학과

028 대외통상환경의 변화와 법제개편
서헌제 | 중앙대 법학과

029 기업금융의 국제화
최생림 | 한양대 경영학부

030 자동차부품공업의 노사관계
김호진 외 | 고려대 행정학과

031 산업화 과정에서의 한국가족의 실태와 전망
정창수 외 | 성균관대 사회학과

032 공무원 가치관 실태와 정립방안
배병룡 외 | 경상대 행정학과

033 해외귀국청소년의 국내적응연구
이장영 | 국민대 사회학과

034 초고속정보통신망에서 LAN서비스 제공방안
이재용 | 연세대 전자공학과

035 WTO체제의 정책적 대응
김병진 외 | 경희대 행정학과

036 유럽의 통합정치
최수경 외 | 충남대 정치외교학과

037 유기질폐기물을 이용한 고단백사료원인 조류의 생산공정
최정우 외 | 서강대 화학공학과

038 초고속정보통신망의 수용성과 정책방향
박영상 외 | 한양대 신문방송학과

039 중국의 강남사회와 한중교섭
조영록 외 | 동국대 사학과

040 세계화시대의 사회 · 문화의식
신행철 외 | 제주대 사회학과

041 국내 외국인 노동자의 문제와 대책
성규탁 외 | 연세대 사회복지학과

042 노인인력 활용정책과 프로그램
김정후 외 | 강원대 법과대학

043 한일간 학술교류 현황과 활성화방안
정홍익 외 | 서울대 행정대학원

044 계량모형에 의한 한일 경제관계의 이해
김명직 외 | 한양대 경제학부

045 직장인의 음주행태와 삶의 질
진기남 외 | 연세대 보건행정학과

046 유통정보 시스템의 구조와 설계
정용길 | 충남대 경영학과

047 남북통일 이후 사회통합을 위한 교육의 역할
안기성 외 | 고려대 교육학과

048 대중음악에 심취한 청소년들의 심리적 특성
김인경 외 | 연세대 인간행동연구소

049 멀티미디어 시스템을 활용한 교육환경의 개선방안
김한일 | 제주대 컴퓨터교육학과

050 탈냉전기 한일관계의 쟁점
최상룡 | 고려대 정치외교학과

051 자치시대 새로운 '삶의 질' 지표의 모색
김형기 외 | 경북대 경제통상학부

052 유럽통합의 역내외 협력과 갈등
이호재 외 | 고려대 정치외교학과

053 21세기를 대비한 신노사관계
김재원 | 한양대 경제학부

054 대학의 시간제학생 등록제
안규철 외 | 전남대 교육학과

055 21세기에 대비한 방송통신정책
한진만 외 | 강원대 신문방송학과

056 주민참여를 통한 혐오시설 관리운영방안
박균성 외 | 경희대 법학부

057 여성의 정치적 권리인식과 정치참여
전경옥 외 | 숙명여대 정치외교학과

058 한국인 위장질환과 식생활 · 환경요인 및 *H. pylori* 감염과의 관계
이양자 외 | 연세대 식품영양학과

059 학생과 시민의 자원봉사활동
윤정일 외 | 서울대 교육학과

060 동북아 환경문제와 지역환경협력의 모색
신연재 외 | 울산대 정치외교학과

061 노인 자원봉사활동을 통한 사회통합 프로그램 개발
김동배 | 연세대 사회복지학과

062 물류정보 시스템
김태현 | 연세대 경영학과

063 전자식 문서교환을 이용한 항공화물 운송체계
민재형 | 서강대 경영학과

064 청소년과 성
이근후 | 이화여대 의과대학

065 민족통합과 무궁화호 위성의 남북한 공동활용방안
방정배 | 성균관대 신문방송학과

066 채식주의가 20대 여성의 영양상태와 에스트로겐 대사에 미치는 영향
성미경 | 숙명여대 식품영양학과

067 가상정보공간을 통한 지역개발 활성화 전략
유재천 외 | 한림대 언론정보학부

068 조산아 관리현황 및 정책수립 방안
박상기 외 | 조선대 의과대학

069 남북한관의 의식조사와 통일교육 개선 방안
김동규 외 | 고려대 북한학과

070 동양 전통 자연사상 탐구
장동순 | 충남대 환경공학과

071 초고속정보망의 시뮬레이터 구현
한기준 | 경북대 컴퓨터공학과

072 유통원가 시스템의 유효성
정다미 | 명지대 경영학과

073 국악과 문화관광의 만남
정익준 외 | 동아대 국제관광통상학부

074 기업의 지식경영 활용사례
김창은 | 명지대 산업공학과

075 선진국과 한국의 직업교육 · 훈련제도의 특성과 한계
정주연 | 고려대 경제학과

076 제주지역 성인 여성의 자원봉사활동
이상철 외 | 제주대 사회학과

077 M&A와 문화충돌 관리
박원우 | 서울대 경영학과

078 폐금속광산 인근 주민들의 중금속 오염실태
정종학 외 | 영남대 의학과

079 북한 농촌 · 농업실태와 인력자원개발 시스템을 통한 북한 농민의 구호방안
박성열 | 건국대 교육공학과

080 중소 소매점의 경쟁력과 소매성과
채명수 외 | 한국외대 무역학과

081 고령자를 위한 쾌적한 실내온도와 착의량의 설정
정운선 | 안동대 의류학과

082 지역문화 이벤트 PR
박종민 | 경희대 언론정보학부

083 인터넷 지역정보화의 실태와 전략
유평준 외 | 연세대 행정학과

084 여성 삶의 질 향상을 위한 사회교육 활성화 방안
김양희 | 중앙대 가족복지학과

085 벤처기업과 벤처금융
강대석 외 | 충남대 무역학과

086 구조조정기에 있어서 실업대책과 사회 안전망 구축
박천익 | 대구대 경제학과

087 한국 유아의 조기교육
이명조 외 | 한국외대 교육대학원

088 남북한 경제공동체 형성전략
이상만 | 중앙대 경제학과

089 지방자치회계의 투명성과 주민의 알 권리
권찬태 외 | 경북대 경영학부

090 정치지도자의 정책리더십
이해영 | 경일대 행정학과

091 경제위기와 한국인의 복지의식
신광영 외 | 중앙대 사회학과

092 북한의 노동
김강식 | 한국항공대 경영학과

093 우리나라 중소기업의 정보기술 활용 현황과 경쟁력 강화를 위한 제안
정승호 | 부산외대 정보시스템학과

094 인간배아복제의 법적 · 윤리적 문제점과 그 해결방안
최병규 | 한경대 법학부

095 가치변화에 따른 투표행태
조찬래 외 | 충남대 정치외교학과

096 인터넷 경매에서의 계약체결과 소비자 보호
이기수 외 | 고려대 법과대학

097 세계화시대 남북한 통합의 방향과 과제
윤민재 | 서울대 사회발전연구소

098 글로벌 시대 지방정부의 문화마케팅 전략
박흥식 | 중앙대 행정학과

099 대졸여성실업의 실태분석 및 대학-노동시장 간 효율적 연계방안
이은우 외 | 울산대 사회과학부

100 그린 투어리즘의 분석
이응진 | 대구대 관광학부

101 지방자치단체장의 부정부패
오일환 | 한양대 아태지역연구센터

102 산업화가 유교체제하 중국여성의 지위에 미친 영향
천성림 | 배재대 사회과학연구소

103 움직이는 말하기
유혜숙 외 | 나사렛대 교양학부

104 장애학생을 위한 특수교육공학의 활용
김용욱 | 대구대 중등특수교육과

105 지식기반사회의 평생교육 이해와 평생교육 프로그램 개발
박성열 | 건국대 교육공학과

106 N세대의 미술교육
김동철 | 대구교육대 미술교육학과

107 노후계획과 투자
권택호 | 여수대 국제통상학과

108 영화산업
양영철 | 경성대 연극영화학부

109 동유럽의 변혁과 언론의 역할
정대수 | 경남대 정치언론학부

110 환율, 임금, 물가가 국제경쟁력 및 수출입산업에 미치는 영향
하인봉 | 경북대 경제통상학부

111 일본기업의 기술혁신 전략
위정현 | 중앙대 상경학부

112 노후보장정책과 역저당연금제도
조덕호 외 | 대구대 행정학과

113 유비쿼터스 라이프와 미래 사회
김석수 | 한남대 멀티미디어공학과

114 죽음과 관련된 생명윤리적 문제들
구인회 | 가톨릭의과대 인문사회과학교실

115 경제적 세계화와 빈곤문제, 그리고 국가
김준현 | 한일장신대 인문사회과학부

116 한국의 세계불교유산
김종명 | 한국학중앙연구원 한국학대학원

117 복지레저서비스론
고태규 | 한림대 국제학부

118 자생적 철학체계로서 인간중심철학
선우현 | 청주교대 윤리교육과

119 전략적 통합과 한반도 평화체제
김승채 | 고려대 정책대학원

120 환경사법론
전경운 | 경희대 법학부

121 인터넷 자료를 통해 본 한국의 이혼문화와 사회복지
성정현 외 | 협성대 사회복지학과

122 유럽연합의 사회정책에 관한 연구
문진영 | 서강대 신학대학원 사회복지학과

123 여성건강의 통합적 관점
김혜원 | 관동대 간호학과

124 복잡계 네트워크 과학
강병남 | 서울대 물리천문학부

125 경제적인 3세대 전원주택 개발
박근준 | 호서대 건축공학과

126 사회복지와 인적자원개발
이상일 | 인제대 국제경상학부